KB269765

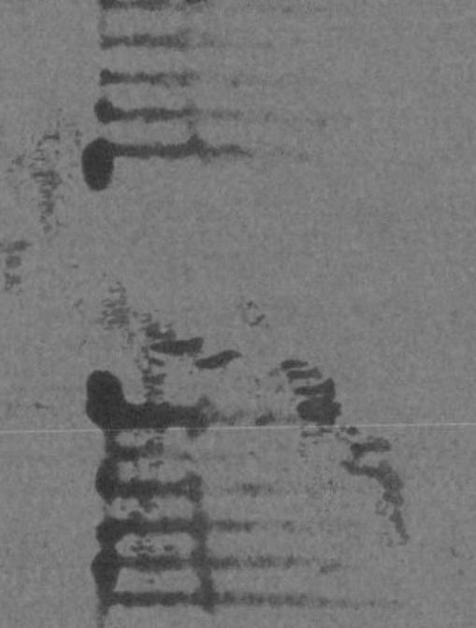

라이벌 와인

라이벌 와인

최고의 와인을 향한 치열한 승부사

— 조정용 지음 —

문화의 선구자는
그저 먼 곳에 있어야만 하나?

위와 같은 의문을 품는 건 문화는 변화의 목소리를 좋아하지 않기 때문이다. 새로운 문화의 유입을 우리의 것이 아닌 남의 것으로만 여기려고 해서가 아닐까 싶다.

이런 이유에서 한국을 비롯한 몇몇 나라의 독자들은 다른 나라의 작가들이 와인에 대해 더 많은 것을 알고 있다고 생각한다. 이런 생각은 아시아권 와인 작가들에게는 여전히 어려움으로 남는다. 아시아의 저널리스트들은 많은 지식을 지녔음에도 영국이나 미국 출신의 저널리스트들이 갖는 신뢰성을 부여받기 힘들기 때문이다.

안젤로 가야이탈리아 레드 바르바레스코를 통해 세계적인 양조가 반열에 오른 인물가 한 번은 내게 이런 말을 한 적이 있다.

"완벽한 와인 가이드는 없다. 왜냐하면 그 모든 것들은 다 주관적인 의견을 피력한 사람들에 의해 기술되기 때문이다."

그런 점에서 볼 때, 한국의 와인 저자인 조정용의 신간 《라이벌 와인》

은 우리가 알고 있는 와인 도서 스타일에 새롭고 멋진 스타일을 더했다. 와인 산지의 풍습과 스타일을 이해하기 위해 어떤 한국인도 조정용처럼 많은 시간을 들이지 않았을 것이다. 그는 세계 곳곳을 다니며 한국인이 복잡한 와인의 세계를 즐길 수 있도록 많은 시간과 노력을 기울였다.

독자들에게 포괄적인 시각으로 추천할만한 내용을 제공하기 위해, 해당 지역에 소재한 양조장을 몇 군데 방문하여 기록하는 것으로 족했던 시절이 있었다. 하지만 오늘날 고품질 양조장의 수는 헤아릴 수 없이 많다.

독자들은 와인도서를 작업하는 일이 얼마나 많은 노력을 필요로 하는지 잘 모른다. 예를 들면 각 지역의 생산에 대해 조사해야 하고, 생산자에게 연락하고 방문해야 하고, 와인 샘플을 받아야 하고, 그 상자를 뜯어야 하고, 와인의 온도를 맞춰야 하고 빈 병은 버려야 한다. 이 모든 일은 어마어마한 물류작업이 필요하며, 시음행위와 결과 기록 등이 많이 소요되는 일이다. 그 모든 거대한 잡다한 일로부터 본질을 증류한 결과가 바로 조정용이 솜씨 있게 처리한 이 책 ≪라이벌 와인≫이다.

와인 산지마다 아주 개별적인 견해를 가진 자긍심 있는 양조가들이 많다. 그들 숫자도 많지만 생각들은 더 많을 것이다. 모든 국제적인 와인 가이드나 잡지가 최고 점수를 부여한 와인이 설사 있다 하더라도 거의 미미한 숫자라는 것은 그리 놀라운 일이 아니다.

와인을 평가할 때 와인의 역사를 어느 정도나 감안하고 있는가? 어느 정도나 숙성력을 감안하는가? 더 중요하게는 어느 정도나 평판을 반영하고 있는가? 라투르가 라피트보다 나은가? 로마네 콩티를 비판할 수는 있는가? 제이 제이 프륌이 모젤에 있는 다른 동료 양조장과 비교했을 때 다른 급에 속하는가? 어느 정도는 제 눈에 안경인 것이다.

여러분 손에는 오늘날 세계 와인 스타일의 단면을 충실히 조명한《라이벌 와인》한 권이 들려 있다. 이 책에 등장하는 위대한 와인들을 통해 더 깊은 와인의 세계를 음미하게 되길 바란다.

조엘 페인
국제와인작가협회장
독일 고미유 와인가이드 발행인 및 편집인
유럽그랑주리 창립회원

관객으로서
라이벌의 대결을 보는 것은
극히 즐거운 일이다

2010년, 유독 여행이 많았다. 9월까지 매달 짐을 쌌다 풀기를 반복했다. 모두 와인의 비밀을 밝히는 여행이었다. 홀로 떠나기도 하고 식구들을 동반하기도 했으며, 기자단 투어에 참가하기도 했다.

싱가포르, 칠레, 독일의 '와인 챌린지'에 심사위원으로 초대되기도 했다. 라벨을 가리고 오직 잔 속의 와인을 점수로 계량화해서 평가하는 것이 챌린지다. 이름도 몰라요 성도 몰라. 그런 것이 와인 챌린지다.

싱가포르에서는 분과장을 맡았다. 세 분과가 독립적으로 이뤄지는 싱가포르 챌린지 대회에서 영국, 태국, 싱가포르, 인도네시아 출신의 마스터오브와인MW, 수입상, 소믈리에들과 팀을 이루어 와인을 평가했다. 출신지만큼이나 다양한 입맛으로 인해 과연 옥석을 가려낼 수 있을까 의구심이 들기도 했다. 글자 그대로 도전챌린지을 느끼면서…. 이튿날 싱가포르 박람회장을 찾아 입상 와인을 대하니 전날과는 달리 무척 생소했다. 이젠 모두 라벨을 뽐내듯이 병에 걸치고 있었기 때문이다.

항상 느끼는 거지만 그런 챌린지에서도 정말 좋은 와인은 의견이 일치한다는 사실이다. 열대권에서 왔건 온대권에서 왔건 남반구에서 왔건 간에 좋은 품질에 관해서는 대체로 이견이 없다. 어떤 특성이 담겨야 그런 와인이 될까 묻는다면 대답하기 쉽지 않다. 입맛을 표현하는 것이 문화를 반영하여 나타난 언어로 가능하기에 동일 언어권이 아니면 그 뜻이 제대로 전달되지 않기 때문이다. 그런 제약에도 챌린지는 다양한 문화권에서 심사위원들을 고르며 그걸 또 경쟁력이라고 홍보한다. 어차피 와인은 수많은 나라에서 소비되기 때문에 그 맛의 보편성이 얼마나 될까 하는 것이 양조가들의 궁금 사항인 것이다. 그런 면에서 필자가 정기적으로 참가하는 독일의 와인 챌린지 '문두스비니'는 국제적인 심사 위원의 구성이 탄탄하며 위원들의 평가 능력이 뛰어나다.

와인의 품질이 최근 비약적으로 향상되었기 때문에 비슷한 가격대의 와인이라면 어떤 원산지, 어떤 브랜드를 선택해도 큰 차이는 없을 것이라고들 하지만, 그래도 약간의 특성상의 차이는 느낄 수 있으며, 애호가는 그와 같은 사소한 맛의 차이를 언제나 찾고 있다. 그래서 필자는 2009년에 ≪올댓와인2≫를 통해 맛의 비밀을 밝히려고 하였다. 와인작가를 선언하고 첫 해를 보낸 시점에서 이번에는 ≪라이벌 와인≫으로 세상을 만난다.

라이벌 간의 경쟁으로 와인 세계를 고찰함으로써 나는 와인의 기저에 좀 더 접근할 수 있다고 생각한다. 뭐든지 기본이 중요하기에 와인의 본질을 잘 이해할 필요가 있다. 하지만 주변의 상황은 그리 달갑지가 않다. 와인 소비가 적극 진행된 지난 10년 간 와인을 둘러싼 일반의 이해는 전혀 변하지 않았다. 아직도 그저 와인은 복잡하기만 하다. 혹은 여전히 어렵다는 말이 들린다. 전혀 변하지 않은 와인의 자리매김은 음료수로서의 와인이 응당 받아야 할 지위마저도 위태롭게 만들고 있다.

불경기, 환율 상승, 수입와인 가격 인상, 막걸리 인기 등으로 연결되는 변화에 속수무책으로 무너진 한국의 와인시장을 바라보면서 어떻게 해야 일반인의 관심을 다시 와인으로 돌릴 수 있을까 고민하는 것은 와인산업 종사자라면 누구나 하는 일이다. 와인작가도 예외는 아니다. 와인의 맛을 행간으로 전하여 가게 앞까지 유인할 수 있다면 작가로서 여간 뿌듯한 일이 아닐 것이다. 특히나 이런 수요 침체기에 그렇게 할 수만 있다면 행복한 작가 인생이 될 것이다.

모든 양조장이 자신만의 개성으로 승부하려고 하니 라이벌이란 애초부터 없는 것이랄 수 있다. 또한 라이벌 관계가 형성되었다 해도 와인 메이커가 스스로 만든 게 아니라 주변에서 만들었을 것이다. 수입사가 혹은 와인 판매점이 브랜드 인지도를 위해 혹은 판매량 증대를 위해 인위적으로 만들었을지도 모른다. 누가 아는가? 필자와 같은 저널리스트들이 까다로운 독자를 핑계 삼고 또 허구성을 밑천 삼아 그랬을지도….

분명한 것은 좋은 와인을 생산하려는 자 그 누구든 스스로를 라이벌로 간주했을 것임에 틀림없다는 사실이다. 자신이 소유한 밭의 특성이 한껏 묻어나는 와인을 만드는 것이 양조가의 목표니, 매년 도래하는 빈티지를 액체화하려고 하는 가운데 과거 빈티지는 항상 라이벌이 된다. 어느 누가 과거보다 못할 것을 꿈꾸리오.

　이미 와인 세계에 일반화된 라이벌은 구세계와 신세계의 다툼이다. 수출산업으로 조성된 신세계 와인은 역사와 전통을 콤플렉스로 안고 출발했지만, 편의성과 용이성을 무기 삼아 구세계 와인의 아성을 침범하였다. 관객으로서 라이벌의 대결을 보는 것은 극히 즐거운 일이다. 이로써 시장을 지키려는 구세계와 빼앗으려는 신세계 간의 경쟁은 결국 소비자에게 다양성이란 산물을 제공하였다. 프로야구의 라이벌, 한일전 경기 등 라이벌 관계는 전체의 수준을 증진시키듯 와인 간의 라이벌 관계 역시 애호가의 관능적 즐거움과 지적 유희를 증대시킨다고 믿는다.

　본문에 열거된 와인들의 라이벌 관계는 일곱 번째 이야기 '무통과 라피트' 처럼 잘 알려진 대목도 있지만, 대부분이 필자의 상상 세계에서 비롯된 것들이다. 와인 저널리즘에 독서의 재미를 배양하고자 허구적 요소를 삽입한 시도로 봐주길 바란다. 이런 두 와인의 비교는 비교 시음에서 따왔다. 두 와인을 시음하면 와인을 홀로 맛볼 때와는 다른 새로운 지평을 확보한다. 빛깔의 차이를 단번에 확인할 수 있고, 향기와 질감 그리고 뒷맛까지 순조롭게 비교할 수 있다. 비교를 통해 맛을 활자화한 《라이벌 와인》의 페이지를 넘기는 독자들 모두 상상 속에서 맛의 비밀을 발견하는 행운이 있기를 기원한다.

조정용

차례

첫 번째 대결.

무등급 와인보다 등급 와인의 맛이 항상 좋을까? 등급 와인의 품질이 더 좋아서 무등급 와인보다 더 비쌀까? 이런 질문에 대한 대답은 항상 그렇 진 않다는 것이다.

등급 와인 VS. 무등급 와인

Grand Cru Classe vs. Nothing

MIS EN BOUTEILLE AU CHATEAU
GRAND VIN
CHATEAU LATOUR
PREMIER GRAND CRU CLASSE
PAUILLAC
1982
APPELLATION PAUILLAC CONTROLÉE
MIS EN BOUTEILLE AU CHATEAU
CHATEAU LAFITE-ROTHSCHILD
1982
PAUILLAC
CHATEAU MARGAUX
EAU · MARGAUX
GRAND VIN
CHATEAU
1982
GRAND CRU CLASSE 1855
FRANCE
TION MARGAUX CONTROLÉE 75 cl
VILE AGRICOLE CHATEAU MARGAUX
Propriétaire à Margaux
Château
Mouton Rothschild
1982
ma 60ème vendange
tout en bouteille au château
APPELLATION PAUILLAC CONTROLÉE
Baron Philippe de Rothschild
CHATEAU HAUT BRION
1982
GRAVES

I. 라벨에 쏠리는
구매자를 위한 제안,
등급 와인 VS. 무등급 와인
Grand Cru Classe vs Nothing

계급이 깡패다. 등급 와인과 무등급 와인 중에 고르라면 대부분 등급 와인을 고른다. 등급 와인이 역사와 전통이 더 깊고, 품질을 널리 인정받고 있으며, 선물을 해도 폼이 난다고 여기기 때문이다.

'그랑 크뤼 클라세' '1855' '나폴레옹 3세' 등은 등급과 함께 사용되는 명사다. 모든 게 민주화된 현대사회에서 유독 와인만 봉건제의 잔재인 등급으로 분류되는 것은 시대착오적인 면이 있다. 이런 점이 와인의 문턱을 높이는 근거가 될 수도 있겠다. 하지만 와인은 오직 땅의 소산이기에 그 땅에 매긴 등급은 정당화될 수도 있는 것이다.

등급은 무엇이며 구체적으로 어떤 와인이 이에 해당할까? 등급은 장교의 계급장 같은 것이다. 그 계급만으로 지휘력과 통제력이 생기는 것처럼, 등급 있는 와인은 그렇지 않은 와인보다 품질이 더 좋을 거라 기대하게 되고 또 그래서 더 비싼 값으로 팔린다. 위관급과 영관급이 다르듯 와인 역시 등급의 높고 낮음에 따라 대우가 달라진다.

그렇다면 무등급 와인보다 등급 와인의 맛이 항상 좋을까? 등급 와인의 품질이 더 좋아서 무등급 와인보다 더 비쌀까? 이런 질문에 대한 대답은 항상 그렇진 않다는 것이다. 어떤 경우에는 그 반대다. 등급 와인이 더 맛없고, 품질은 더 안 좋으며 더 저렴할 때도 있다. 등급 와인의 지경을 침범하는 무등급 와인이 제법 된다. 그런 무등급 와인들은 등급 와인을 라이벌 삼아 끊임없이 땅에다가 땀방울을 쏟는다.

등급이라면 프랑스를 말한다. 이탈리아도 아니고, 독일도 아니며, 미국이나 호주는 더더욱 아니다. 등급은 대부분의 경우 보르도를 지칭하며 그 중에서도 메독을 일컫는다.

왜
메독인가!

1855년, 나폴레옹 3세는 파리 만국박람회를 유치했다. 1851년 런던에서 처음으로 문을 연 만국박람회는 산업혁명을 통해 부강해진 국가의 면모를 세계에 보이는 행사였다. 비록 첫 번째 행사는 아니었지만 뭔가 프랑스적인 특성을 보여주고픈 대통령 나폴레옹 3

세는 프랑스의 와인을 선택했다. 그는 우수 와인을 통해 자국 문화의 양명을 꿈꾸었다.

와인 천지인 프랑스에서도 보르도 와인이 일찌감치 유명했다. 중세시절 수백 년간의 잉글랜드 통치로 인해 국제적인 지명도가 있었고, 와인 가격도 프랑스 내에서 최상위 수준이었으니, 다른 어떤 곳도 아닌 보르도 와인으로 등급을 매기는 것은 타당했다.

보르도 상공회의소는 때아닌 횡재를 만나 떠들썩했을 것이다. 대통령이 와인등급을 확정하라고 명령했으니 이번 기회에 아예 불황의 그늘에서 확 벗어나자며 의지를 불태웠을 것이다. 보르도는 포도밭 면적이 세계에서 가장 넓은 곳이라 하부 지역도 많다. 보르도의 여러 산지 중에 메독이 선택된 데는 다 그럴만한 이유가 있었다.

메독의 매력은 무엇일까? 메독은 와인 외에 어떤 매력이 있을까. 와인은 음료이니 맛보는 즐거움은 당연한 것이고, 이런 즐거움을 순간에 그치지 않고 오랫동안 유지시켜주는 요소들이 메독에는 잘 갖추어져 있다.

메독에는 이른바 세 가지 꽃이 있다. 우선 대지의 꽃이다. 이 꽃이 메독에서 가장 화려하다는 것은 불문가지. 이 꽃은 로마시대부터 피고 있는 포도 꽃을 말하는데 가히 메독을 대표한다고 해도 무방하다. 지평선과 수평선으로 둘러싸인 메독의 벌판을 풍요롭게 물들이는 후덕한 꽃이기도 하다.

둘째로는 바다의 꽃이다. 메독은 대서양를 끼고 있다. 온화한 대서양 기후 아래 잔잔한 바람을 받으며 요트를 즐길 수 있고, 해변을

지롱드강의 카라반은 여행지로서의 메독을 표현하는 전형적인 이미지이다. 밀물에 그물을 내리면
새우나 물고기를 잡을 수 있다.

즐길 수도 있다. 해수욕은 물론이다. 서안 해양성 기후의 고향이 되는 온화한 곳이다.

셋째로는 삼각강의 곳이다. 메독은 지롱드강 하류의 삼각주에 발달한 지역이다. 강 밑바닥은 침수해안이라서 보기보다 훨씬 깊어 좋은 어장을 이룬다. 새우, 전어, 정어리, 칠성장어 등이 지역 특산요리에 등장한다. 이 삼각강의 이미지는 메독의 전형적인 모습을 내비친다. 뭍에 설치된 카라반에 물이 차면 그물 낚시를 드리우는, 삼각강 메독은 사색의 곳이다.

"있잖아요, 생테밀리옹과 포므롤도 있고, 그라브 지방도 있지 않나요?" 이런 의문을 품는 건 자연스럽다. 사실 당시 다른 어떤 지역보다 메독 와인이 인기가 높았고 가격도 비쌌다. 페트뤼스, 르팽, 라플레르 등 보석 같은 와인이 즐비한 포므롤은 19세기에는 무명이었으며 찾는 이도 적어 등급이 무용지물이라 인식되었다. 상공회의소는 메독의 자웅을 가리기 위해 누구를 접촉할 것인지를 고민했다. 샤토 오너일까? 중개상일까? 아니면 그 둘도 아닌 다른 누구일까? 결정권은 중개상에게로 넘어갔다.

중개상은 샤토로부터 와인을 받아다 고객들에게 파는 역할을 하므로 어떤 와인이 인기가 있고, 또 원가가 얼마인지 알고 있었다. 결국 등급은 중개상 장부에 기록된 과거로부터 그때까지 거래된 가격을 기준으로 정해졌다. 같은 해 즉 1855년에 포도밭의 성격을 통해 확정된 부르고뉴의 등급과는 완전히 다르게 메독의 등급 체계는 탄생했다.

2010년. 등급이 제정되고 155년이 흘렀다. 하지만 등급은 변함없이 그대로다. 마치 신라의 골품제도처럼 상속되었다. 한 번 해병은 영원한 해병, 한 번 등급은 영원한 등급이다. 1등급은 1등급에서 변함없고, 5등급도 마찬가지다. 모든 게 그대로다. 그러나 애석하게도 등급만 빼고 모든 것이 바뀌었다.

누가 세월의 무게를 버티리요. 사람도 바뀌고, 기술도 바뀌었다. 더 중요한 것은 포도밭도 바뀌었다. 경기가 좋지 않아 자금난에 시달린 샤토 성주들은 밭을 팔기도 하고, 아예 샤토를 통째로 팔기도 했다. 가문이 바뀌고, 포도밭이 바뀌었는데도 결국 와인의 품질이 달라졌는데도 즉 품질이 떨어졌는데도 등급은 그대로다. 무등급 와인이 등급 와인보다 좋다는 주장은 이런 틈을 파고들어 생겨났다. 여기에 무등급의 존재 이유가 담겨 있다.

등급의 타당성 결여 연구에는 많은 전문가들이 뛰어 들었는데, 그중 생물학자이자 마스터오브와인MW인 벤자민 르윈Benjamin Lewin은 저서 ≪보르도, 어떤 가격으로What price Bordeaux≫를 통해 신랄하게 등급을 흔들었다.

등급의 단점

벤자민 르윈은 등급의 단점을 꼬집었다. 등급은 중개상들이 거래가격을 기준으로 분류한 것이지, 포도밭의 특성을 놓고 비교한 게 아니란 주장이다.

우선 등급 간의 척도가 다르다. 1등급부터 5등급까지 그 등급들 간의 차이가 균일하지 않다. 거래 가격을 기준으로 했다면, 가격의 차이가 균일할 필요가 있는데 그렇지 않다. 1등급과 2등급 간에는 가격 차이가 컸고, 2등급과 3등급은 그리 크지 않았다. 나머지 아래로는 가격 순으로 배열하여 어떻게 보면 작위적으로 4등급과 5등급이 구분되었다고 볼 수 있다.

둘째로 1855년도의 포도밭이 오늘날 그대로 유지되고 있느냐다. 과연 동일한 밭이냐를 묻고 있는데 와인은 밭에서 나오니 이보다 본질적인 물음은 없다. 벤자민에 의하면 당시 등급 와인의 포도밭 합계는 2650헥타르였지만, 지금은 3450헥타르로 30%가 확대되었다. 30%의 면적 즉 800헥타르의 밭은 등급과 무관하다. 이는 사방 100미터의 밭이 무려 800개, 즉 축구장이 800개란 말이다. 그만큼 등급 와인이 과대생산된다는 뜻이다. 샤토 디쌍, 샤토 라귄느, 샤토 말레스코 생텍쥐페리 등은 한 때 대부분의 밭을 팔아버렸다. 샤토 오너도 바뀌는 와중에 더러는 잃었던 밭을 거둬들인 경우도 있고, 전혀 다른 밭을 대신 채우기도 했을 것이다.

셋째, 19세기 와인과 21세기 와인은 스타일이 많이 다르다. 완전히 다른 와인이다. 등급 제정 무렵 와인의 알코올 도수는 10% 남짓, 색으로 보면 영락없는 로제와인과 별반 다를 바가 없는 옅은 색이었다. 타닌이 별로 없었으며, 카베르네 소비뇽은 당시 거의 심지 않았고, 주된 품종은 말벡이었으며, 와인은 숙성용이 아니라 주로 당해 연도 내에 마셨다. 취합해보면 내다 팔기 전에 혹은 수출되기 전에 이런 약한 와인은 다른 지역 혹은 타국의 와인과 혼합해야 했음을 뜻한다. 그러니 중개인들만이 샤토의 고유한 맛을 알았을 것이고, 소비자들은 몰랐을 것이다. 그러므로 등급을 받은 와인은 실제로 팔려나간 와인이 아니라 베이스가 된 와인이었을 것이다.

결론적으로 르윈은 "지금의 등급 와인은 1855년과 밭도 다르고, 와인의 성격도 다르고, 생산량은 1/5도 안 되는데, 왜 등급이 오늘날까지 유효해야 하느냐"고 의문을 제기한다.

르윈은 1996년~2005년까지 10년간의 엉프리뫼르와인의 선물매매 가격을 기준 삼아 새로운 등급을 구성했다. 지금의 가격을 기준으로 분류하면 등급과 상당히 불일치한다. 61개의 샤토 중에서 13개는 리스트에서 빠져야 한다. 또한 8개의 무등급 와인이 승격되어야 한다. 승격 대상은 샤토 오마르뷔제Haut Marbuzet, 샤토 소시앙도 말레 Sociando Mallet, 샤토 펠란 세귀르Phelan-Segur, 샤토 글로리아Gloria 등이다.

르윈은 마지막으로 "1855년의 메독 등급은 당시의 기념사진과 같다. 마치 영원한 진리인 양 돌에 새기려는 것은 보르도 명성에 오히려 해를 입힐지 모른다"고 경고한다.

계급장 떼고
붙어봐!

보르도 특유의 강건하고 단단한 기운을 맛보려는 자에게 그리고 풍성하고 복합적인 아로마를 만끽하려는 자에게, 화려한 등급 와인이 아니어도 능히 오래 묵힐만한 좋은 와인이 있을 거란 믿음을 지닌 자에게 등급이 없는 샤토 소시앙도 말레를 권한다.

샤토 소시앙도 말레는 보르도의 메독 지역에 속한 오메독 출신의 포도원이다. 1855년에 나폴레옹 3세가 마련한 화려한 훈장과도 같은 등급이 와인의 가격과 품질에 지대한 영향을 미치는 메독에서 이 포도원은 애석하게도 등급이 없다. 등급은 무등급이지만, 품질은 등급 못지않다. 가격 역시 마찬가지다. 그렇지만 높은 계급으로 분류되는 등급의 샤토 여럿을 울리는 제법 인정받는 가격으로 팔린다. 어째서 등급도 없는 샤토 와인이 고품질로 인식되며 좋은 가격으로 팔릴까?

와인세계에서 라벨은 중요하다. '그랑 크뤼 클라세'로 분류되는 보르도, '그랑

크뤼' 로 분류되는 부르고뉴, '크뤼' 로 분류되는 이탈리아의 바롤로 는 그렇지 않은 그 지역 다른 와인보다 그리고 다른 지역 와인보다 인기가 더 좋다. 시장의 수요가 든든하니 가격도 높다. 우리는 와인 뿐만 아니라 패션을 선택할 때에도 전자제품을 구매할 때에도 브랜드를 찾는 세상에 살고 있지 않은가!

이런 구매습관은 진열대 벽면을 가득 메우고 있는 와인매장에서도 마찬가지다. 사람들은 라벨을 보며 고른다. 이것저것 요모조모 따지던 중 라벨도 확인하는 게 아니고 단지 라벨만을 본다. 즉 상표 만을 가지고 구매결정을 한다는 거다. 특히 등급이 있다면 그냥 집 어 들게 된다. 그 말에 확 쏠린다. 주머니 사정만 좋다면 바로 쇼핑 카트에 넣고야 말 것이다.

샤토 소시앙도 말레는 기라성 같은 등급 샤토가 포진한 메독에 서 계급이 없는 와인이다. 등급에 좌우되는 소비자에게 무등급의 가치를 대변하는 와인이다. 등급이 없어도 얼마든지 좋은 와인을 고를 수 있다는 평범한 진리를 보여주는 와인이다.

소시앙도 말레는 주인장 장 고트로가 매입하기 전까지만 해도 무명에 불과한 포도원이었다. 1633년의 기록으로 바스크 지역의 소씨옹도Sossiondo라는 귀족이 소유할 때 '고귀한 토양' 이란 언급을 얻긴 했어도 장 고르트가 1969년에 매입하기 전까지는 이렇다 할 족적을 남긴 바 없는 아주 평범한 와인이나 다름없었다.

장 고트로는 와인중개회사에서 일하던 중에 벨기에의 한 고객으 로부터 좋은 포도원을 사고 싶으니 물색해달라는 요청을 받았다.

여러 곳을 돌아다니며 알아보다가 마침 매물로 나온 이 포도원에 들어섰다. 시야가 확 트이는 개방적인 전망에 매료되어 중개보다는 차라리 자신이 매입해버릴까 하는 마음이 들었고, 이내 실행하고야 말았다. 그의 나이 42세 때의 일이다. 당시 지인들 특히 샤토 라투르의 와인메이커나 샤토 린치 바쥬의 성주는 이구동성으로 잘한 일이라며 축하해주었다고 하지만, 누가 장사꾼 아니랄까 봐 혹시나 너무 비싸게 산 건 아닐까 걱정했다고도 회고한다.

전망이 좋다는 이유로 와인판매상이 땅을 샀다는 말은 납득하기 힘들다. 와인을 파는 일과 만드는 일은 천양지차 아니겠는가. 옷 파는 사람이 어느 날 옷감이 좋다고 옷을 디자인하겠다는 거다. 더구나 비싸게 주고 샀다고 기억할 정도라면 더더욱 그 결정이 의아스럽다.

우리는 여기서 전망이란 말을 곱씹어볼 필요가 있다. 전망에 비

샤토 소시앙도 말레의 포도밭

밀이 담겨 있다. 여기가 어딘가. 여기는 다름 아닌 메독이다. 지평선이 보이는 곳이다. 강 하구에 발달한 평탄한 지역이다. 아주 평평한 지대다. 어디를 봐도 명산지라는 아우라는 보이지 않는 곳이다. 전통의 명산지는 예외 없이 구릉지대에 있다. 가파른 정도가 다를 뿐이지 한결같이 남향의 경사면에 이름난 포도원이 있다. 프랑스의 부르고뉴가 그렇고, 이탈리아의 바롤로가 그렇다. 독일 라인가우 역시 마찬가지다. 하지만 메독은 다르다. 메독은 지극히 평탄하다. 메독의 비밀을 캐려면 땅을 쳐다봐야 한다. 자갈 토양이 메독 테루아의 열쇠다. 아직 우리는 전망을 이야기하지 않고 있다.

왜 무등급이 등급 샤토의 수준으로 대우받는지, 아니 왜 이름도 잘 모르는 와인이 이리도 맛있는지, 그리고 한 술 더 떠 제법 값이 나가는지는 직접 와서 봐야 한다. 밭에 서봐야 한다. 포도밭을 바라보면 꼭 마운드에 올라서서 타자를 내려다보는 강속구 투수가 되는 기분이다. 하수로 보이는 것이다. 한참 아래로 보이며 한 눈에 타자의 미세한 표정까지 다 읽을 수 있다. 눈앞에 펼쳐진 포도밭 구석구석이 시야에 다 들어오며, 뒤로 유유히 흐르는 지롱드 강물도 훤히 보이고 바다같이 넓은 강을 건너 맞은편에 자리 잡은 마을까지도 맑은 날에는 한눈에 다 들어올 정도다. 이런 포도밭은 메독 전체에서 찾기 힘들다.

장 고트로에게 물었다. 어떤 사건이 이 양조장을 세상에 알리게 했는가라고. 그는 1982 빈티지의 성과가 좋아서 일반 애호가들에게 알려지기 시작했다고 답했다. 파커의 고평가도 한몫했다고 한다. 소시앙도 말레가 점차 세간에 오르내리게 된 데에는 파커를 위시해서 많은 와인전문가의 호평이 도움이 되었다. 와인의 관능적 즐거움은 공유되기 힘든 개인적인 취향의 발로이지만, 누구나 좋다 할만한 경지는 있는 법이다. 특별한 전문가들이 겪은 시음의 경험이 활자로 혹은 구전으로 퍼져 좋은 이미지를 형성하였다.

공동체를 만드는 달인들이 모여 사는 유럽에는 와인 마시는 것을 유일한 즐거움으로 아는 자들의 모임도 있다. 유러피언 그랑 주리가 그것이다. 구성원 개개인을 보면 옳거니 할 정도로 쟁쟁한 전문가들의 집합이다. 모두 남자인 것이 유일한 단점이라면 단점. 2001년 이들은 1982년 와인의 자웅을 겨루었다. 무려 100여 가지 샤토 와인들이 라벨을 가리고 시음장에 늘어서 있었다. 거기서 소시앙도 말레는 무려 2위를 차지했다.

필자가 2009년 12월에 샤토를 방문했을 때 제공된 1982의 맛은 특색이 있었다. 와인의 빛깔에는 세월의 흔적이 별로 없었다. 세월에 견디는 타닌의 탄력이 이 와인의 특성 중의 하나이다. 단단한 심지가 중심에 박힌 와인 같다. 이제 곧 서른을 바라보는 와인인데 별로 시간의 티가 묻어나질 않는다.

그 후각적 특성 또한 독특하다. 진하디진한 삼나무의 향기와 박하향기가 물씬 풍기는 것이다. 장 고트로 역시 그렇다고 평했다. 이 정도로 묵으면 보통 쿰쿰한 김치나 된장에서 피어오르는 냄새가 남직도 한데 여전히 향기로운 부케를 발산했다.

2009년 주인장의 샤토 구입 40주년 기념으로 바스크 지역에서 가진 수확연도별 시음회에서 많은 참가자들은 이런 비슷한 반응을 보였다고 장 고트로가 말했다. 와인의 질감은 비단결처럼은 아니지만 고왔고, 신선한 입맛을 제공했다. 잰시스 로빈슨은 숙성된 1등급에서 스며 나오는 우아하고 세련된 느낌은 아니지만, 찬란한 숙성의 미를 제공한다고 평했다.

나를 더욱 놀라게 만든 건 맛뿐이 아니었다. 내가 놀란 순간은 바로 샤토 직원이 반병짜리 병을 구석으로 가져가 주둥이에 수도꼭지를 끼울 때였다. 아, 82년이 담긴 게 반병짜리였구나! 반으로 줄어든 체적 내에서도 와인은 멀쩡하게 숙성되어가고 있었던 것이다.

샤토 소시앙도 말레의 성주 장 고트로

장 고트로의
별난 재배철학

장 고트로는 와인세계에서 유별난 재배철학으로 유명하다. 아마도 이런 자기고집이 끈기 있고 뚝심 있게 양조장에서 펼쳐져 결국 무명을 유명으로 도약시키지 않았나 싶다.

그는 다른 성공한 양조장 주인처럼 포도의 품질이 중요하다고 믿는다. 여기까지는 성공 방정식에 어떤 의문도 갖기 힘들다. 그의 개성은 강물같이 흐르는 현대 양조에 반기를 드는 한 부분에서 나타난다. 그는 전 세계 고급 포도밭에 유행하고 있는 '그린 하비스트' 즉 여름날 행하는 열매숨기에 극단적으로 반대한다. 수확량을 인위적으로 축소시켜 과도하고 과다한 와인으로 만들어내는 과정을 의미 없다고 일축한다.

"그린 하비스트보다는 가지치기가 선행되어야 하고, 빈티지가 좋으면 가지치기가 엄격해도 포도가 많이 자랍니다. 1961년그 해에는 서리 피해로 수확량이 줄었다을 제외하고 대단한 빈티지는 모두 포도가 많이 열린 해였어요. 1989년, 1990년이 그렇지요. 물론 2000년과 2005년도 마찬가지입니다. 나는 그런 훌륭한 해에는 포도를 나무에 더 붙이지 못해 안달이 날 뿐이지, 수확량을 줄이는 것은 꿈도 꾸지 않습니다. 아니 송이를 자른다고요? 그렇게 잘라내는 것이 와인에 무슨 도움이 된다고 생각합니까? 어림없는 소리입니다."

장 고트로는 잘 여물어가는 포도송이를 제거하는 것은 어리석은

행위라고 단정 짓는다. 괜히 건드렸다가 포도씨알만 굵어지면 농밀한 맛이 줄어들어 손해라고 한다. 잎사귀를 제거하는 것도 반대다. 포도송이를 강제로 잘라낸다면 잎사귀를 강제로 따는 일도 병행해야 하겠지만, 인위적인 소출감소를 반대하므로 잎사귀를 잘라내는 일도 필요 없다는 주장이다.

장 고트로는 빈티지가 좋을 때에는 철사 줄에도 송이가 생긴다는 말이 있다며 다량 생산은 자연의 축복이고 곧 풍요로운 와인의 맛으로 치환된다고 믿는다. 진한 와인을 만들어내 파커 점수를 높

샤토 소시앙도 말레 양조장의 이모저모

이기 위해서는 소출을 강제로 줄이는 것이 필수라고들 믿는 양조장들이 많다. 그들은 헥타르당 수확량을 20헥토리터 혹은 25헥토리터 1헥토리터는 100리터로 줄인다고 소책자에 자랑하듯 기록한다. 소시앙도 말레는 그와는 달리 자연이 주는 그대로를 얻는다. 평균적으로 헥타르당 55헥토리터를 거둔다. 그런 하비스트를 실시하는 데랑 비교하면 배가 차이 나는 수치다.

소시앙도 말레의 또 다른 성공요인은 그가 항상 양조장에 있다는 사실이다. 이게 무슨 대단한 이유냐고 묻는다면 그저 그렇다고 답할 뿐이다. 그는 하루 종일 포도밭과 양조장에 붙어 있으면서 스스로 불고 닦고 다 한다는 점. 이런 사실은 단순하지만 아주 중요하다. 물론 직원들이야 죽을 지경이겠지만 말이다.

여든이 넘은 노인이지만 노익장을 과시하며 지금도 감 내놔라 대추 내놔라 한다. 옆에서 일을 돕는 한 여성은 혀를 내두르며 그의 열정에 두 손을 든 표정이다. 작은 양조장이라면 양조장 오너가 하루 종일 와인생산에만 골몰하는 경우가 그리 대단할쏘냐 만은 수십만 병을 만드는 샤토에서는 드문 일이다. 메독에서는 샤토 레오빌 바르통 정도가 이에 속한다고 잰시스 로빈슨이 밝혔다. 대부분의 샤토 오너들은 파리에 살면서 가끔씩 농장에 찾아오거나 샤토에 살면서 스스로가 다 한다고 말은 하지만 아주 세부적인 데까지 챙기지는 못하는 경우가 대부분이다.

장 고트로, 그는 등급에 연연하지 않는다. 이미 등급만한 명성을 얻었기 때문이다. 1855년 등급에는 못 미치나 지역의 우수한 품질을 생산하는 양조장을 한데 묶어 크뤼 부르주아라는 칭호를 부여하는 것이 1932년에 처음으로 실시되었고, 2003년에 재평가되었다. 소시앙도 말레는 여기에도 신청서를 제출하지 않았다. 신청하면 최고 등급인 '익셉시오날'은 따놓은 당상이었다. 하지만 그는 그럴 필요가 없었다.

샤토 소시앙도 말레는 오메독 최북단에 있으며, '빅4'에 속하는 생테스테프 바로 위에 위치하는 까닭에 거칠 만큼 단단하고 억센 타닌이 특징이지만, 1990년 빈티지는 주변의 어마어마한 최고급 샤토보다 더 감미롭고 좋았다고 유러피언 그랑 주리가 발표한 적이 있다. 특히 샤토 몽로즈2등급의 환상적이라고 평가받는 1990년보다 더 뛰어난 성적을 거두었다고 알려졌다. 샤토 소시앙도 말레는 튼튼하고 견실한 맛, 꽉 차는 구조감, 타닌이 많고, 보수적인 느낌이 드는 남성적인 와인이다.

호호백발 장 고트로에게 얻을 것은 와인 말고도 노마지지가 있다. 나는 40년 이상을 와인시장의 품질경쟁에서 생존한 그리고 계급장 없이 승리한 그에게 노인의 지혜를 얻고자 했다. 그는 "와인은 꿈을 주는 음료입니다. 내가 와인을 처음 만들었던 때조차 여러분 같은 와인 기행자들은 찾기 힘들었죠. 지금은 어떻습니까. 와인여행은 힘들이지 않고 할 수 있죠. 와인은 인류 역사와 함께 성장해온 음료라서 인류에게 꿈을 줍니다. 그래서 앞으로도 전망이 좋지요"라고 말했다.

샤토 소시앙도 말레는 위대한 비非그랑 크뤼 클라세이다. 위대한 무등급 와인이다. 드넓은 대지 위에 뜨거운 태양이 내비쳐도 일꾼이 없으면 포도는 와인이 되지 못한다. 행복의 조건을 갖추어도 행복해지지 않는 것처럼 와인의 조건을 갖추었다 해도 와인이 되진 않는다. 사람의 숨결과 손길이 미치고, 정성을 다해 가꾸며 최선을 다하는 자세가 오래 아주 오래 견지되어야 비로소 와인이 된다.

위조 전문가들은 두 유형이다. 병에 든 와인은 그대로 두고 라벨만 바꾸거나, 아예 속을 다른 와인으로 교체하는 경우다. 전자는 마진은 줄더라도 들통 날 위험을 대폭 줄이려는 심산으로 후자는 그야말로 엉터리 같은 와인으로 속을 채운 후에 바라는 와인으로 둔갑시키는 방법이다.

진짜 VS. 가짜

Genuine vs. Fake

GRAND VIN
DE
CHÂTEAU LA
PREMIER GRAND
PAUI
1995
12.5 % vol.
CHÂTEAU HAUT
1996
CRU CLASSÉ DES
Pessac-L
Appellation Pessac
Premier Grand Cru
Mis en bouteille au Château
3% vol.
CHÂTEAU HAUT
1995
CRU CLASSÉ DES
Pessac-L
CHÂTEAU &
Mouton

2. 와인의 영원한 라이벌,
진짜 VS. 가짜

Genuine vs. Fake

　고급와인의 세계에서 와인의 라이벌은 가짜 와인이다. 라벨만 보면 와인을 알 수 있다고 믿는 당신에게 경고한다. 진짜의 자리를 노리는 가짜 와인들이 있다고. 어떤 면에서 페트뤼스의 라이벌은 로마네 콩티도 아니고, 르팽이나 오존도 아니다. 페트뤼스의 라이벌은 가짜 페트뤼스다. 수백만 원을 들여 개봉했는데, 오천 원짜리 맛이 난다면 어떻게 할 것인가? 전혀 인지하지 못하는 경우겠지만, 가짜 와인을 실제로 지불해야 하는 금액보다 아주 싸게 사놓고 더 훌륭한 와인을 맛보게 되었노라고 기뻐할지도 모른다. 이럴 때 한번 생각해보라. 와인의 세계에서는 특히 고급와인으로 갈수록 진짜 같은 가짜 와인이 많다.

가짜 와인
판매자들

　가짜 와인을 만드는 위조 전문가들은 두 유형이다. 병에 든 와인은 그대로 두고 라벨만 바꾸거나, 아예 속을 다른 와인으로 교체하는 경우다. 전자는 마진은 줄더라도 들통 날 위험을 대폭 줄이려는 심산으로, 예를 들어 로마네 콩티 1983년을 1985년으로 바꾸는 것이고 후자는 그야말로 엉터리 같은 와인으로 속을 채운 후에 바라는 와인으로 둔갑시키는 방법이다. 전자의 방식으로 무슨 돈을 벌겠냐고 생각하면 오산이다. 빈티지에 따라 고급와인의 값은 몇 배씩 차이가 난다. 샤토 라투르의 경우 1961년과 1962년의 값은 다섯 배 이상 차이가 난다.

　왜 이런 사기들이 눈에 잘 띄지 않을까? 그 이유는 세 가지로 압축된다. 우선 병입된 후에는 해당 와인이 진짜인지 가짜인지 판별하는 기법이 별로 없다. 둘째로는 아주 비싼 와인을 산 사람은 그 와인의 맛과 일반적인 와인의 맛을 잘 구별하지 못한다. 끝으로 애당초 그 와인을 맛보려고 산 게 아니다. 그저 과시용으로 혹은 자기만족용으로 와인을 사기 때문이다.

　〈뉴요커The New Yorker〉에 '제퍼슨의 와인병'이란 글을 기고한 패트릭 키프Patrick Keefe는 위조 전문가들이 기만하는 근거를 두 가지 제시했다. 하나는 와인구매자들이 해당 와인을 잘 개봉하려 하지 않거나 개봉하더라도 오랜 시간이 지난 후에 그렇게 한다는 습성이다. 한 미국인 컬렉터는 키프에게 이렇게 말했다.

완벽하다고 평가 받는 샤토 라투르 1982. 30년이 지났는데도 여전히 짱짱한 타닌은 마치 "나를 마시려면 좀 더 기다려야 해"라고 외치는 것 같다.

"나는 샤토 라피트 로쉴드를 150년 빈티지에 걸쳐 다 수집하려고 한다. 아예 그걸로 벽 하나를 채우려고 한다. 그러니 작품이 완성되기 전에는 어느 병도 따지 않을 것이다. 혹시 희귀한 빈티지 하나를 개봉했다가, 그걸 다시 채우기 힘든 사정이 생긴다면 어찌할 것인가." 컬렉터들은 전혀 와인을 딸 생각이 없는 것이다. 위조범들은 컬렉터의 수집벽을 철저히 이용한다. 총포수집가이기도 한 그 와인수집가는 특정한 총도 전혀 발사할 마음이 없다고 말했다.

둘째로 개봉 목적으로 와인을 사지도 않지만 설령 개봉해 맛을 보더라도 그게 진짜인지 가짜인지 모른다는 것이다. 참으로 애석한 일이지만, 고급와인을 매집하는 사람들은 시음경험을 위해 사지 않았다. 와인을 수집, 보유의 목적으로만 사는 사람들에게 다음과 같은 우화는 많은 걸 생각하게 만든다.

'아베는 이미 여러 번 거래되었던 그리고 거래될 때마다 수익을 남긴 정어리를 구매했다. 이전의 구매자들과는 달리, 아베는 그가 구입한 정어리 한 상자를 실물로 보려 했으며 그런 가운데 큰 애를 먹었다. 통조림을 따보니 그 정어리들은 상해 있었다. 그래서 그는 자신에게 팔았던 조에게 전화했다. 어떤 대답을 기대하고 있는가. 조가 하는 말은 압권이었다.
"근데 그 정어리 말이야, 그거 거래용이지 식용이 아니잖아!"

순진한 가짜 와인양조가는 쉽사리 발각된다. 노벨상을 수상한 독일의 문호 토마스 만은 소설 ≪펠릭스 크룰의 고백≫에서 가짜 와인과 그것을 만드는 사람을 조명한 적이 있다. 그 아버지에 그 아들이랄까. 로렐라이 엑스트라 브뤼라는 스파클링을 생산하는 양조장에서 주인장은 가짜 스파클링을 만들고 그 아들은 밥 먹듯이 거짓말을 한다는 이야기인데, 소설의 한 대목을 살펴보면 가짜 와인의 맛, 가짜를 만들게 된 배경 등이 잘 묘사되어 있다.

··· (중략) ···

"당신의 인품에는 경의를 표하지만, 당신네 샴페인소설의 시대적 배경은 프랑스 샴페인이 원산지 보호되기 전이라서 독일에서도 샴페인이라고 할 수 있었다은 경찰이 금지해야 될 물건일세. 1주일 전에 멋도 모르고 내가 그 술을 반병이나 마시지 않았겠나. 헌데 이날 이 때까지 내 몸은 거기서 받은 타격을 가시지 못하고 있소. 대체 어떤 시어 꼬부라진 포도주를 이 술에다 섞은 것이요? 혼합할 때 섞는 게 석유란 말이요? 그렇지 않으면 푸우젤품질 나쁜 화주에 대한 별칭이란 말이요? 한마디로 해서 독약을 섞는 짓이라고 하겠소. 법을 어려워해야 돼요." 그런 말을 듣게 되어 가엾은 내 부친은 당황해 하였으니, 그럴 것이 그는 마음이 무른 분이었고, 그런 꼬집어 뜯는 말에는 견디어 내지 못하기 때문에 하는 이야기다.

··· (중략) ···

"나는 싼 값으로 생산하지 않으면 안 되겠단 말이요. 이 고장의 생산품에 대한 선입관이 있어 그렇게 하게 마련이고, 요컨대 나는 대중들이 이것이라고 믿는 물건을 공급하고 있을 뿐일세. 더구나 경쟁 속에 애가 타게 되었네 그려. 여보게, 그러니 유지하기도 이만저만이 아닐세."

이탈리아의 스파클링 중에 유명한 프로세코는 저렴한 가격이 경쟁력이라 스파클링을 가장 많이 소비하는 독일에서도 인기가 많다. 샴페인의 가격에 절반에도 미치지 못하는 프로세코라도 가짜로 인해 골머리를 앓는 것은 토마스 만의 소설에서 그 이유를 찾을 수 있다.

가짜 와인에 대한
전문가들의 견해

가짜 와인을 맛보는 동안 기대에 도달하지 못하는 맛과 향의 모자람을 두고, 전문가들은 몇 가지의 변명을 제시하기도 한다.

"이 와인은 '여행의 충격'을 받고 있다. 운송과정에서 움직임이 많아 제 맛이 아니니 나중에 마시면 좋다"라고 말하며 보관의 문제를 제시한다. 온도나 습도가 잘 맞지 않은 곳에서 저장, 보관하면 그럴 수 있다는 것이다. 또한 병의 편차를 들먹이기도 하는데 12병들이 한 상자에서도 각기 와인의 맛은 달라질 수 있다는 것이다.

전문가들임에도 이렇게 여러 이유를 들어가며 '가짜'임이 의심되는 와인을 대변하는 건 그게 가짜라는 사실을 쉽게 결론 내리기 어렵기 때문이다.

합리적으로 와인의 맛을 좇아 오랜 세월 동안 그 맛을 알아간다고 해도 사실상 고급와인 맛에 정통하기란 아주 힘든 일이다. 왜냐하면 1950년대 이전의 오래된 빈티지들이 많게는 세 가지 유형으로 병입됐는데 병입하는 과정에서 일관성이 없었기 때문이다. 당시에는 같은 와인이라도 샤토 병입, 매입자 병입, 중개상인의 병입 이렇게 세 가지의 방법으로 병입됐고 병입의 주체가 달랐던 이유는 오크통 기준으로 매매가 이뤄졌기 때문이다.

자연 발효주 와인은 저장 환경이나 병입하는 조건 등에 따라 맛의 변이가 생기니 예를 들어 미국 애호가가 샤토 슈발 블랑 1947이 이런 맛이라 했을 때, 스위스 컬렉터가 그 말을 수긍하지 못할 수도 있다. 소더비 와인경매의 책임자 세레나 서클리프는 "와인은 살아있는 조직이라서 그게 움직이면 변하고 맛이 진전된다"고 말했다.

리코르킹이
다른 와인을 만들 수 있다

맛의 변이 혹은 편차의 문제에 관해서는 샤토도 한몫했다고 할 수 있다. 리코르킹이란 게 있는데 와인이 오래되어 코르크가 제 기능을 다하지 못할 때, 코르크를 교체하는 행위를 말한다. 20년 정도 지나면 실시하는 게 보통이다.

와인은 오래 묵으면 코르크의 미세한 틈으로 와인이 조금씩 유실되기 때문에 눈금이 저절로 내려간다. 그래서 이런 눈금을 채우기 위해 새로운 코르크를 박는데 이 작업을 리코르킹이라고 한다. 하지만 올드 빈티지를 리코르킹할 때 샤토들은 보통 해당 빈티지가 아닌 다른 빈티지로 눈금을 채워준다. 바로 이러한 행태가 위조 와인이 기승을 부리게 하는 이유가 될 수도 있다.

1982년 샤토 라투르를 리코르킹하면서 모자란 양만큼 2008년 와인으로 채운다면 결국 와인의 맛이 달라질 수 있다. 그러니 리코르킹은 원래의 그 빈티지와 리코르킹 빈티지와의 맛 차이를 정당화한다. 샤토는 리코르킹 후에 흰 종이를 병에 붙인다. 리코르킹이 언제 실시되었는지 그 날짜와 함께 담당자 서명까지 새겨넣는다.

샤토 라피트는 전 세계를 돌며 리코르킹하던 걸 2005년부터 그만두었고, 샤토 디켐은 1940년 이전의 리코르킹은 해주지 않는다. 바로 이러한 이유로 인해 위조범들은 샤토로 와인을 보내 리코르킹하는 것을 '대관식' 한다고 한다. 용케 리코르킹을 통과한 변조 와인은 대관식을 거쳐 정당한 와인이 되는 것이다.

이탈리아의 양조장 비욘디 산티는 예외라고 할 수 있다. 왜냐하면 그 곳에서는 동일 빈티지 와인으로 눈금을 채우기 때문이다. 아흔을 바라보는 주인장이 직접 행사를 챙긴다. 샤토 팔머 역시 1961년산을 다량 소유한 마카오의 애호가를 위해 동일 연도의 와인으로 리코르킹을 해주러 마카오에 방문한 적이 있다.

올드 빈티지에 생기는
의구심

가짜 와인은 특히 올드 빈티지에서 많이 나온다. 보통 출처를 밝히지 않기 때문에 더욱 신비롭기도 하겠지만 그로 인해 개운하지 않은 면도 있다. 올드 빈티지에 대한 의구심이 당연한데도 몇 가지 이유로 인해 그냥 묻히는 경우도 허다하다. 우선 올드 빈티지가 의심스러워도 아무도 그걸 발설하지 않는다. 함구하는 것이다. 어쩌면 상행위의 불문율일지도 모른다. 경매회사나 와인거래상 심지어 양조장까지도 올드 빈티지에 대해서는 말을 아낀다. 왜냐하면 공연히 고객을 떨게 할 필요가 없다는 것이다. 확실한 증거도 없이 괜히 얘기를 꺼냈다가 고객의 심기를 불편하게 하면 다음에 와인을 어떻게 팔 것이며, 그 와인을 또 어떻게 매물로 얻겠느냐는 식이다.

둘째로 컬렉터들 스스로가 자기 와인 포트폴리오의 가치 하락을 꺼린다. 자기만족용이나 과시용으로 와인에 투자하고 있는데 그 중에 포트폴리오를 대표할만한 올드 빈티지가 가짜라든가 출처가 의심스럽다면 어떻게 되겠는가. 또 이런 이유도 있을 것이다. 와인 작가들이 이 문제에 대해 특정인 혹은 특정 와인을 매체에 떠들었다가는 앞으로 그가 벌이는 대단한 시음회에 초대받는 것은 더 이상 꿈도 꾸지 말아야 할지도 모른다.

로버트 파커가 시음했던 18세기, 19세기 와인들의 대부분은 하디 로덴스톡이라는 독일인 컬렉터의 웅장한 시음회에서였다. 현재 로덴스톡은 가짜 와인을 팔았다는 의심을 받고 미국인에 의해 소

충분히 익지 않은 메독 1등급 다섯 가지를 시음하기 위해서는 디캔딩이 필요하다.

송 중에 있다. 이런 이유에서인지 요즘에는 사람들의 올드 빈티지에 대한 관심이 조금씩 변하고 있다. 고급와인 시장에서는 모든 컬렉터들이 자신의 오래된 와인을 의심하기 시작했다는 소식과 함께 더 이상 18세기, 19세기 와인에 대해 관심 없다고 알려졌다. 이건 박수근 위작 사건의 후폭풍 같은 것이다. 내 집에 걸린 그 작품이 과연 진품인지 위작인지 노심초사하는 것처럼. 그래서 시작이 마비된 것처럼.

고흐나 피카소의 수백억을 호가하는 작품도 출처가 분명해야 거래가 된다. 와인은 회화와는 달리 음용이 본질적 효용이라서 저장의 조건 등을 포함한 출처가 분명해야 제 값을 받을 수 있다. 동일한 와인이라도 출처에 따라 가격 차이가 난다. 이상적인 출처, 더 이상 확실할 수 없는 출처를 지닌 와인은 그렇지 않은 와인보다 많게는 3~4배 혹은 그 이상 비싸다.

1945년 샤토 무통 로쉴드 여로보암여섯 병의 용량, 4.5리터 한 병이 약 30만 달러에 팔렸다. 한 병에 5만 달러 꼴인데, 보통의 경우보다 많게는 6~7배나 더 비싼 값이다. 이런 우대를 받은 이유는 출처가 분명해서다. 그렇다면 와인에서 가장 이상적인 출처는 어딜까? 바로 샤토 지하 셀러다. 만들자마자 지하로 옮겨 수십 년 이상 움직임 없이 저장된 와인이 최상의 출처가 된다.

와인경매의 메카가 뉴욕으로 넘어온 1990년대부터, 특히 미국의 와인경매 낙찰 규모가 영국을 넘어선 1995년부터 고급와인의 수요는 걷잡을 수 없이 높아졌다. 값이 천정부지로 오르니 가짜 와인의 등장은 어쩌면 자연스러운지도 모르겠다.

《억만장자의 식초》에 소개된 한 예를 들자면, 어떤 애호가가 뉴욕의 와인상점에서 1982 페트뤼스 매그넘1.5리터들이로 두 병에 해당하는 용량을 샀다. 그는 이걸 페트뤼스 가문인 크리스티앙 무엑스에게로 가져갔다. 거기에 〈와인 스펙테이터Wine Spectator〉 기자도 한 사람 동행했다. 와인은 코르크를 뽑아낼 때까지도 멀쩡한 걸로 파악되었다. 페트뤼스를 먹고 자란 크리스티앙도 수십 년간 이 와인을 마시고 팔고 했어도 어쩔 수 없다. 그도 외양만으로는 모른다.

하지만 코르크를 빼서 살펴보니 똑바로 뽑아낸 코르크의 측면에 작은 자국이 보였다. 이전에 사용된 코르크인 것이다. 물론 빈티지 표시도 없었다. 분명히 코르크 표면을 문질러 빈티지를 지워버린 것이 틀림없다. 무엑스와 기자는 맛을 봤다. 페트뤼스 맞았다. 하지만 1982년의 맛이 아니었다. 그건 좀 더 저렴한 빈티지의 느낌이었다. 1980년이나 1984년 말이다.

가짜 와인의 타겟이 되는 최고급 샤토는 그로 인해 대책 마련에 골몰한다. 샤토 오브리옹은 1957년부터 병에 볼록하게 엠보싱 처리를 하고 있고, 페트뤼스는 1988년부터 자외선에서만 보이는 특수코드를 라벨에 인쇄하여 변조와 위조를 방지한다. 또한 1996 빈티지부터 병에 페트뤼스라는 문구를 새기기 시작했다. 샤토 마고는 심지어 1995 빈티지부터 병목에 일련번호를 새기기 시작했으며 병 바닥인 푼트에 M자를 새겨넣고 있다. 빈티지별로 코르크와 캡슐을 달리하고 위조방지 라벨을 채택하고, 나무상자를 개량하고

투자 등급 와인에 속하는 샤토 오브리옹의 1990년 빈티지.

그 무게를 바코드 처리하여 사업적인 위변조 방지를 철저히 한다. 샤토 라피트 로쉴드 역시 1996 빈티지부터 병에 새기기 시작하였으며, 로마네 콩티에서는 병 색깔과 두께를 변경하였다.

가짜 와인 사건으로 인해 올드 빈티지나 희귀와인을 많이 판매하는 경매회사도 골머리를 앓는다. '소더비'는 1997년부터 보다 정확한 정보를 카탈로그에 표시하며 올드 빈티지를 경매한다. 소더비는 이슈가 될만한 올드 빈티지 와인에 대해서는 출처를 분명히 밝히고, 와인의 컨디션도 세밀히 기록하고, 또한 아래와 같이 별도의 언급도 표시한다.

소더비가 토마스 제퍼슨과의 연관성을 강조하며 1800 빈티지의 마데이라 한 병을 경매에 붙였을 때, 그 와인의 추정가는 1만 달러에서 1만 5000달러였는데, 경매 결과 2만 3000달러에 낙찰되었다. 당시 경매가 끝난 뒤에도 미국 서지학자들이 여러 근거를 대며 해당 와인과 제퍼슨의 관계가 그리 명확하지 않고 여전히 의문이 남는다는 주장을 제기했지만, 신통한 답변이 소더비로부터 나오진 않았다고 ≪억만장자의 식초≫의 저자 벤자민 월레스는 말했다.

고급 희귀와인은 마진이 크고, 변조가 용이해서 가짜 와인이 범람했다고도 볼 수 있다. 희귀와인은 보증서 없이 수천 달러 혹은 수만 달러에 거래될 수 있는 유일한 물건이다. 로버트 파커는 "와인은 맛보지 않은 채 어두운 곳에서 수년을 아니 더 오래 머물러 있기에 진위여부 파악이 더디고, 파악되어도 용의자는 이미 잠적해버린 상태”라고 말했다.

병간의 품질 차이, 그리고 병입자들이 다름으로 특정 빈티지의 맛이 일정하기 힘들다는 점 등이 문제다. 또한 의심스러워 병을 따면, 그건 곧 증거를 없애버리는 결과가 되고 만다. 그 비싼 한 병 따버리면 뭐가 남느냐는 올드 빈티지 소유자들의 염려 때문에 가짜 와인은 잘 확인되지 않는다.

가끔 아주 얕은 수준의 가짜 와인들도 많다. 그런 잡다한 위변조 와인들의 대부분은 그런 징후를 땅바닥에 흘리고 다니는 것처럼 쉽게 포착되는 정말 조잡한 수준의 가짜 와인이다. 1986년에 최고의 화이트 와인인 몽트라쉐 다섯 상자가 일본으로 수입되었는데, 수입상이 라벨을 보니 로마네 콩티 아펠라시옹와인의 원산지이라고 되어 있었다. 엉터리도 이런 엉터리가 없다. 몽트라쉐의 아펠라시옹 역시 몽트라쉐인데 로마네 콩티라니 참 어이가 없다. 그뿐이 아니다. 총생산 수량이 200상자인데, 한 고객에게 다섯 상자를 준다는 게 말이 되는가, 그것도 정식 수입상도 아닌 병행 수입상에게 말이다.

가끔은 있지도 않은 와인을 팔기도 한다. 로마네 콩티 1947이 한 예다. 그 곳 포도밭은 1945년 수확 후에 포도나무를 몽땅 뽑았다. 필록세라로 인해 새롭게 밭을 조성하려고 미국산 대목에 접붙인 새 나무를 심기 위해서였다. 그래서 1946년부터 1951년까지 로마네 콩티는 와인을 생산하지 않았다. 아니 못 했다. 하지만 크리스티 시카고 지점은 그걸 알지 못한 채, 경매 책자를 출판했고, 경매가

임박했을 때 즉 그 사실을 경쟁회사의 경매사가 알려주었을 때 잘못을 발견했다. 페트뤼스는 1991년의 빈티지가 좋지 않아 출시를 포기했고, 르팽은 2003년에 출시하지 않았다. 그러니 1991 페트뤼스와 2003 르팽은 지구상에 없는 와인이어야 한다.

샤토는 어떻게 하면 위조를 피할 수 있을까 고민한다. 와인 해적 행위를 효과적으로 중단할 수 있는 방법을 찾으려 한다. 시장에서 공감되는 몇 가지 아이디어는 이렇다. 짧은 캡슐을 사용하여 코르크를 읽을 수 있게 하는 것이다. 라벨에 코드를 새기거나, 유리병에 빈티지를 도드라지게 새기는 것도 흔히 채택된다.

파커는 그 유명한 《파커의 와인 바이어스 가이드Parker's Wine Buyer's Guide》의 '와인 속에 진실이 있다인 비노 베리타스' 는 꼭지에서 "고품질이면서 한정 수량의 희귀와인은 진품 보증서 없이 거래되는 세계에서 가장 호화스런 물품"이라고 하며 "오직 한 가지 목표, 즉 가짜 와인을 팔아 한몫 급히 챙기려는 그런 기회를 엿보는 부정직한 사회의 행태가 더 이상 쇼킹한 일이 아니다"라고 했다.

벤자민 윌레스의 저서《억만장자의 식초》는 가짜 와인의 세계를 다루었다. 지구상 가장 비싸게 팔린 와인경매장의 분위기를 묘사하면서 책이 시작된다. 런던 크리스티 경매장의 1985년 12월 5일, 이날은 와인경매의 역사가 다시 쓰인 날이다. 1776년의 이날은 경매회사 창립자인 제임스 크리스티가 처음으로 경매한 날이기도 하다.

경매장을 가득 메운 입찰자들은 오직 단 한 병에 관심이 쏠렸다. 약 200년 묵은 와인 한 병이 출품되었는데, 여러 사람의 경합으로 결국 15만 6000달러에 낙찰되었다. 이 가격은 와인경매 사상 최고의 낙찰가격이란 기록을 남겼다. 와인 한 병에 15만 달러가 넘다니. 한 잔에 약 2000만 원이 넘는다.

경매 책자에는 'no estimate'라고 되어 있었다. 이건 전문가로 무장한 경매회사도 그 가격을 추정하기 곤란할 때 꺼내는 카드이다. 보통은 경매 물품의 최저가와 최고가의 범위를 제시하여 입찰자로 하여금 경매에 잘 임하도록 안내하지만, 도저히 그 값을 따지기 힘들면 'no estimate'라고 한다. 그런데 이상하게도 우리나라에서는 그걸 '추정불가'가 아니라 '별도 문의'라고 해서 종종 의심을 산다. 별도 문의라니 뭔가 은밀한 게 있는 것처럼 느껴진다. 그날 경매의 시작은 3만 달러부터였다. 그건 분명히 3만 달러에 그걸 사겠다고 서면으로 요청한 입찰자가 있었기 때문일 것이다.

낙찰된 와인은 1787년 빈티지의 샤토 라피트현재 샤토 라피트 로쉴드였으며, 그것은 한때 미국 대통령이던 제퍼슨의 소유로 추정되었다. 낙찰자는 미국 잡지 〈포브스〉 일가였다. 종전 기록은 1870년 빈티지 샤토 라피트 로쉴드인데, 낙찰가는 3만 8000달러였다. 이 와인은 여로보암인데, 6병들이 용량으로 4.5리터들이 한 병이었다. 단일 병으로 따지면 이 역시 샤토 라피트 로쉴드로서 1822년 빈티지이며, 3만 1000달러였다.

기껏해야 졸부들의 돈 장난으로 비쳐질 최고가 와인 한 병의 이야기를 어떤 저자가 혹은 어떤 출판사가 책 한 권으로 묶으려고 할까. 가장 비싼 와인 한 병에 둘러싸인 《억만장자의 식초》는 사실은 그 와인이 진짜가 아닐 거라는 의구심을 파헤친 이야기다. 거기에 덧붙여 경매회사의 내부 사정, 경매회사 간의 경쟁, 와인전문가의 속사정, 투자 와인의 세세한 정보, 그리고 속물적인 인간성과 과시하고자 하는 욕구 등을 드러내고 있다. 저자는 실제 벌어진 일들을 미스터리 논픽션으로 마감했다. 줄거리에 등장하는 사건은 모두 있었던 일이다. 다만 어느 미국인 사업가가 치르고 있는 소송만 진행

형일 뿐.

20년이 넘도록 무성했던 가짜라는 소문은 꼬리에 꼬리를 물고 늘어졌다. 제퍼슨 대통령의 와인에 얽힌 뒷이야기는 좀처럼 그 진실을 알 수 없다. 당시 58세의 숙성된 나이로 경매를 진행했던 경매사, 즉 한평생 와인경매의 서막과 절정을 온몸으로 보여주던 그 역시도 기력이 쇠하여 점차 늙어가고 있다. 낙찰 와인도 이미 시어 빠져 박제돼버리고 말았다. 그 와인은 그저 골동품의 지위에 머무르고 있다. 그런데도 그 와인의 소문은 왕성한 호기심을 생산하고 있다. 과연 제퍼슨의 와인이었는지에 대한 궁금증은 수그러들 줄 모른다.

어떤 와인이기에 제퍼슨의 와인이라고 믿게 된 걸까? 그 와인은 어디서 구한 것일까? 누가 찾아낸 것일까? 정말 제퍼슨이 소유하긴 한 걸까? 낙찰자는 왜 그리 비싼 값을 치르면서까지 얻으려 한 것일까? 정말 그럴만한 가치가 있는 걸까? 이런 여러 의문을 품은 저자는 추리소설의 탐정처럼 하나씩 하나씩 밝힌다.

책의 주인공 샤토 라피트는 보르도의 포이약 마을에 있는 포도원으로 메독을 대표하는 양조장이다. 나폴레옹 3세가 파리 만국 박람회에서 자국의 문화적 위용을 드러내려고 마련한 그 유명한 '1855년 등급 품평회'에서 당당히 첫 번째로 1등급 반열에 꼽힌 와인이다. 마고, 라투르, 오브리옹이 순서대로 라피트 뒤를 따랐다.

1787년 기준으로 와인 가격을 줄 세워봐도 위와 같다. 당시 라피트는 마고보다는 17%, 라투르보다는 40%, 오브리옹보다는 무려 133% 비싸게 거래되었다. 결국 라피트는 18세기부터 지금까지 보르도 전체를 대표하는 최고급와인이랄 수 있겠다.

왜 1787년 빈티지일까? 무슨 의미가 담겨 있을까? 1787년 모차르트가 오페라 '돈지오반니'와 교향곡 '프라하'를 작곡한 것은 별 의미가 없다. 그해 미국 독립선언서에 서명을 완료한 것과 그해 제퍼슨이 보르도를 방문한 것이 의미라면 의미일 수 있을 것이다.

그러나 제퍼슨을 연구하는 학자들은 1787 빈티지는 제퍼슨이 소유한 적이 없다고 한다. 대신 1784 빈티지의 마고와 이켐은 구입했다는 기록이 있으며, 라피트의 경우는 단지 1784 빈티지를 주문했다는 메모만 전해진다고 한다. 이 부분이 해당 와인의 진정성을 의심하게 만든 단초이다.

어디서 발견한 와인일까? 와인을 경매에 출품한 독일인 하디 로덴스톡은 파리 마레 지구의 재건축 현장에서 와인을 구했다고 주장한다. 건물을 부수려고 벽을 뜯었던 인부들이 우연히 비밀 벽을 발견했는데 그 속에 와인이 수십 병 있었다는 것이다. 이런 주장은 나치 스토리에 의해 신빙성을 얻었다.

파리의 유서 깊은 레스토랑 '라투르 다르장'이 2차 세계대전 당시 나치의 와인 찬탈을 피하려고 지하 셀러에 있던 10만 병 중 고급와인 2만 병을 벽을 쌓아 밀봉함으로써 지켜냈다는 일화가 오늘날까지 전해지기 때문이다. 또한 발견 지역은 바스티유 감옥과도 멀지 않다. 1789년에 혁명이 일어나고 많은 귀족들의 재산이 몰수

되는 과정에서 근처에 해당 와인을 은닉 혹은 보관했다는 추측을 일으킨다.

왜 제퍼슨 소유일까? 무엇이 제퍼슨의 것으로 단정하게 만들었을까? 그는 한때 외교관 신분으로 파리에 5년간 머물렀다. 그 시절 와인 마니아가 된 그는 월급의 상당 액수를 와인구매에 바쳤다. 그리고 와인의 품질보장을 위해 샤토에다 직접 와인을 주문하였고, 샤토에서 병입해서 납품할 것도 요청했다.

경매에 나왔던 와인병에는 음각으로 'Th.J.'라는 이니셜이 새겨져 있다. 크리스티는 이게 바로 토마스 제퍼슨을 뜻한다고 주장했다. 물론 그럴 수도 있겠다. 하지만 제퍼슨 연구학자는 이니셜을 표시하는 방법이 제퍼슨 관련 문헌과 다르다며 반박했다.

이 논픽션을 다 읽은 후 가장 슬프게 고개를 저을 것 같은 이는 바로 제퍼슨일 거라고 작가는 단언한다. 제퍼슨은 말년에 음주량을 줄였다. 샤토에서 직접 구매하던 방식을 버리고, 니스에 있는 한 중개상을 고용하여 그 지역의 일반 와인을 사들였다. 그는 저렴한 테이블 와인을 마셨고, 그것도 아주 행복하게 그랬을 것이라고 말하고 글을 맺는다. 이 책은 미완성 교향곡이다. 좀 더 있으면 송사가 끝나 위변조의 행위가 밝혀지겠지만, 작가는 연극이 끝나고 난 후의 공허함을 염려했던 탓인지 이대로 출간했다.

세 번째 대결.

아주 가끔 샴페인보다 주말마다 혹은 더 자주 마실 수 있는 스파클링은 어떨까! 주위의 축하할 일이 있을 때 그저 개봉하기만 하면 된다. 차갑게 대령하면 된다.

샴페인 VS. 스파클링

Champagne vs. Sparkling

250
CRAYÈRE
GERARD HÉLÈNE
EMPLOYÉE
45 ANNÉES DE PRÉSENCE A LA MAISON
1931_1975

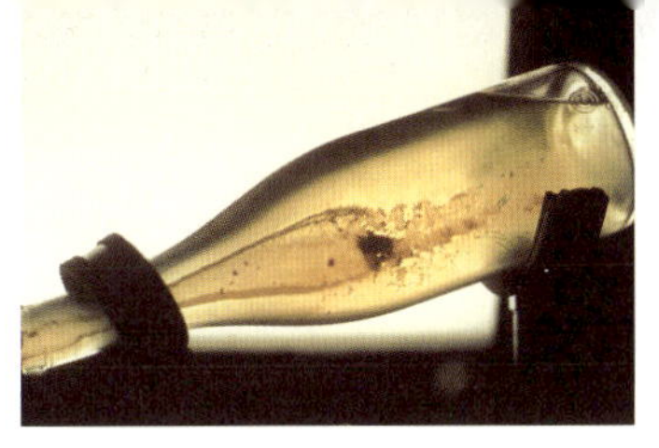

3. 톡 쏘는 매력과 펑 하는 소리의
같은 듯 다른,
샴페인 VS. 스파클링
Champagne vs Sparkling

　　스파클링 와인들은 한결같이 샴페인을 라이벌로 여긴다. 가끔 와인을 쇼핑하는 정도의 애호가라면 어떻게 이게 라이벌이 될까 의심할지 모른다. 스파클링은 전 세계에서 만들고, 샴페인은 프랑스의 한 지역에 불과한데, 어떻게 둘이 라이벌이 되냐는 것이다. 생산량으로 보면 전체 스파클링에서 샴페인이 차지하는 비중은 16% 수준이다.

　　모든 스파클링은 샴페인을 따라잡으려 한다. 샴페인은 더욱 격차를 벌이고자 전진하려 한다. 스파클링은 샴페인의 그윽한 부케와 특유의 신맛을 부러워하지만, 진정 부러운 것은 샴페인이 지닌 판타지다. 샴페인은 그저 판타지만으로도 열광적으로 팔린다고 보는 것이다. 단지 보여주기 위한 이미지로서의 샴페인은 여느 럭셔

샴페인 볼랭저,
샴페인 크룩,
샴페인 로랑 페리어의
최고 브랜드
그랑 시에클,
샴페인 루이 뢰더러의
최고 브랜드 크리스탈

리 못지않다고 여기는 것이다. 한편 일반 스파클링은 판타지는 없어도 샴페인과 동일한 외양과 동일한 거품을 지니며 합리적인 가격으로 샴페인의 아성을 공략하고 있다.

샴페인의 위력은 대단하다. 거품만 일면 모두들 샴페인이라고 할 정도라서 이 세상의 모든 스파클링 와인은 샴페인 차지였던 시절도 있다. 한 세기 전만 하더라도 그랬다. 도대체 어떤 매력이 있기에 샴페인, 샴페인 하는 것일까? 왜 스파클링을 샴페인이라고 이름 붙이려 할까? 그 이름을 수호하려고 샴페인은 얼마나 대단한 노력을 하고 있으며, 반대쪽에서는 왜 호시탐탐 그 이름을 차용하려고 하는 걸까?

한때 영국의 한 회사는 자사 브랜드 화장품에 샴페인이란 명칭을 붙여 상당한 이득을 취했다. 소비자들이 샴페인의 고급스러움을 차용한 화장품 회사의 정책에 제대로 반응한 것이다. 하지만 곧 샴페인협회의 심부름을 받은 변호사의 공격으로 더 이상 그 이름을 유지하지 못하고 그 제품은 시장에서 사라졌다. 샴페인 권익단체들은 비단 스파클링 와인 분야에서 뿐만 아니라, 다른 산업에서도 샴페인 이름을 지키려고 한다. 그렇다면 그들은 도대체 무엇을 그리도 수호하려는 것일까?

샴페인 이름의 남용이 유럽에서는 이뤄지지 않는다. 타 지역에서 샴페인이란 이름을 쓸 수 없게 하는 조약까지 체결될 정도다. 1891년 마드리드조약은 샴페인 지역에서 나오는 스파클링 와인에만 샴페인이란 칭호를 붙일 수 있게 했으며, 1919년 베르사유조약에서 이를 다시 한 번 확인했다. 하지만 거기에 서명을 하지 않은 미국은 자국 내의 유통을 위해서 일부 업자들이 샴페인이란 이름을 쓰고 있다.

우리나라에서도 제과점에 가면 샴페인을 쉽게 찾을 수 있다. 물론 그건 진정한 샴페인이 아니라 그저 이름만 빌린 것이지만. 2011년 7월 유럽연합과 FTA가 발효되면 샴페인 이름을 우리 상품에 붙이는 행위는 아마도 정중하게 불허될 것이다.

진짜
샴페인

샴페인의 사전적인 의미는 샴페인 지방에서 '샴페인 방식'으로 만든 스파클링 와인을 가리킨다. 샴페인 지방이란 지역적 기준과 샴페인 방식이란 제법적 기준 어느 하나라도 충족되지 않으면 샴페인이 될 수 없다.

샴페인의 공간적 의미는 1927년에 마련된 지역적 경계를 의미한다. 행정적인 구분으로 신사동과 압구정동이 확실히 나누어지듯이 샴페인은 주변 지역과 구분된다.

샴페인 방식은 이 지역의 개성이 담긴 양조법이다. 샴페인의 생명인 거품을 병 속에서 생성시킴을 의미한다. 샴페인 방식 외에 흔한 방법으로는 샤르마가 있다. 이는 대용량의 통 속에서 생성된 가스를 병에 담는 방식이다.

샴페인의 베스트셀러는 모에 상동이다. 매일 밤 전 세계에서 개봉되는 샴페인 10병 중에서 2병이 이것인데 루이비통 모엣 헤네시 그룹^{이하} LVMH이 소유하고 있는 브랜드다. 주류 전문업체인 모엣 헤네시를 루이비통이 사들여 만든 세계 최대의 럭셔리기업 LVMH는 샴페인, 와인, 코냑, 루이비통을 펼쳐놓고 소비자를 자극하는 지극히 프랑스적인 글로벌 기업이다. 우리나라에도 이들의 자회사인 모엣 헤네시와 루이비통이 각각 진출해 있다. 하지만 모엣 헤네시는 지난 10월 한국 시장에서의 철수를 발표했다.

루이비통 모엣 헤네시

LVMH의 규모는 얼마나 될까? 이 회사의 2009년 연차보고서에 의하면 전체 매출액이 약 170억 유로이며, 그 중에서 모엣 헤네시는 18%인 31억 유로이다. 이 중에서 샴페인을 포함한 스파클링의 비중이 20%를

샴페인 세계의 베스트셀러
모에 상동의 브뤼 앵페리알

독일 스파클링의 베스트셀러
헨켈 트로겐 섹

차지한다. 즉 6억 유로의 매출을 올린다. 이는 계속되는 합병으로 몸집을 늘리고 있는 독일의 헨켈보다 20% 정도 앞서는 실적이다. 그러나 헨켈의 매출에는 일부 와인도 포함되어 있어 그 격차는 좀 더 있다고 봐야 한다. 모엣 헤네시는 대표상품인 패션과 가죽제품 부문의 절반에 해당하는 그룹의 주요사업 부문이다.

모엣 헤네시의 샴페인 브랜드로는 모에 샹동, 뵈브 클리코, 동 루이나, 동 페리뇽, 크룩, 메르시에^{저가 샴페인으로 샴페인 경쟁이 심한 유럽에서만 유통된다}가 있고, 스파클링은 미국과 호주, 아르헨티나에서도 만든다. 코냑으로는 헤네시이며, 와인으로는 그 유명한 샤토 디켐, 샤토 슈발 블랑, 클라우디 베이, 케이프 멘텔레 등이 있다.

모엣 헤네시는 2007년에 이어 2009년에도 비넥스포Vinexpo에 참여하지 않았다. 비넥스포가 무엇인가. 프랑스 최대의 와인박람회 아닌가. 보르도에서 열리지만 참여하는 업체는 세계 도처의 양조장으로 가득한 박람회인데, 왜 모엣 헤네시가 참가하지 않았을까? 그 이유는 이제 그들은 스스로 고객과 접촉할 수 있다고 보는 것이다. 소비자에게 직접 다가가려고, 유통망도 자체 구축했다. 제품을 팔기 위해 해당 지역의 수입상을 선정하는 게 아니라 아예 현지법인이나 지사를 설립하는 것이다. 적극적인 해외 직접투자를 실행하는 것이다. 장차 와인소비가 늘것을 예상하여 마케팅 강화 차원에서 남이 하는 잔치에 들러리로 참가하는 것보다 스스로 잔치를 만들겠다는 전략이다.

2006년 홍콩에서 열린 비넥스포에 갔을 때에는 모엣 헤네시 부스를 볼 수 있었다. 다른 부스와는 달리 그 회사는 거대한 구조물을 지어 많은 내방객을 맞이했다. 와인을 사방에 펼쳐놓고, 온 벽면에 붙여놓고 어지럽게 와인을 광고하는 게 아니라 미니멀하게 디스플레이하고 있었다. 단순히 그 부스를 바라보면 그냥 희멀겋고 덩그러니 홀로 있는 독립부스지만, 그 부스의 와인들은 고급와인 시장을 쥐락펴락하는 거물들로 채워져 있었다. 한편 독일이나 스페인 그리고 이탈리아 출신의 양조장 부스들은 저마다 시음품목으로 스파클링을 갖추고 있어도 그 스파클링은 전혀 입장객들을 끌 수 없었다. 스파클링 자체가 해당 양조장의 간판이 아니라 부록에 불과하기 때문이다.

모엣 헤네시는 언제부터 고급와인의 구색을 갖췄을까? 그들의 포트폴리오는 오래 전에 구축된 게 아니다. 세계 주류시장의 흐름을 꿰뚫어본 결과 루이비통의 우산 아래 하나씩 차곡차곡 브랜드를 쌓은 것이다.

LVMH 주식은 유럽에서 런던시장 다음가는 규모이자 프랑스, 네덜란드, 벨기에 3개국의 통합시장인 유로넥스트 시장에 상장되어 있다. 2009년 〈디캔터 Decanter〉지에는 프랑스 최고부자들을 분석한 잡지 〈챌린저 Challenger〉의 기사가 보도되었다. 보도된 바에 의하면 프랑스의 500대 부자 중에 와인 관련 종사자가 50여 명이 있는데 미술품 경매회사 크리스티와 샤토 라투르를 소유한 프랑소아 피노는 6위에 올랐고, 그의 라이벌인 LVMH의 오너 베르나르 아르노는 2위의 부자로 랭크되었다. 경기침체기인데도 그의 재산은 무려 145억 유로로 집계되었다.

글로벌 샴페인 시장은 '모엣 헤네시' '니콜라 쿼이얏트' '멈' '로랑 페리에' 가 과점하고 있다고 해도 과언이 아니다. 각각의 회사가 여러 브랜드를 소유하고 있어 다 모으면 브랜드 숫자가 10개를 훌쩍 넘는다.

우리나라의
샴페인 시장

그렇다면 우리나라의 상황은 어떤가? 이 땅의 샴페인은 모엣 헤네시가 거의 독점하다시피 하고 있다. 우리나라 샴페인 시장은 어찌 보면 와인 시장의 태동기 모습 그대로다. 88올림픽 이후 와인수입 자유화 조치를 개시했을 때의 상황과 여전히 비슷하다. 당시 프랑스 와인은 우리 시장의 90% 이상을 차지했다. 거의 대부분 프랑스산이었다. 20년이 지난 현재의 시점에서 우리 샴페인 시장은 모엣 헤네시가 전체의 90% 이상을 차지한다. 그 중에서 브랜드 모에 샹동이 베스트셀러인데, 전체 샴페인의 70%를 차지한다. 그러니 우리나라에서 개봉되는 10병의 샴페인 중에서 7병이 모에 샹동인 것이다.

2002년부터 모에 샹동과 동 페리뇽의 브랜드 매니저를 맡고 있는 모엣 헤네시 코리아의 박수진 차장은 "15만 원 이하의 일반 샴페인급 시장에서 모에 샹동 단일 브랜드가 70%를 차지하며, 자사의 모든 샴페인모에 샹동뿐 아니라 뵈브 클리코, 동 페리뇽, 동 루이나, 크뤽을 다 합치면 국내 시장의 90%를 차지한다"고 말했다. 어찌하여 이와 같은 장악력을 가졌는지 궁금하지 않을 수 없어 지체 없이 물었더니, "우리는 본사의 오랜 마케팅 경험을 통해 샴페인은 품질보다는 이미지로 선택된다고 믿고 있기에 럭셔리 마케팅에 집중하고 있다"고 했다. 그들은 샴페인의 판타지를 아주 능수능란하게 활용한다는 얘기다. 2008년 가을부터 시작된 글로벌 경기 침체 하에서도 여전히 샴페인의 매출은 늘어나고 있으며, 특히 그녀가 맡고 있는 또 다른 샴페인 동 페리뇽의 약진은 눈부시다고 말한다.

1989년에 한국에 처음으로 지사를 설립한 모엣 헤네시는 1996년에 모엣 헤네시 코리아로 사명을 바꾼 후에 활력을 얻었다. 때마침 일기 시작한 제한적인 와인에 대한 관심의 바람을 타고 모엣 헤네시 코리아는 마케팅에 착수하기 시작했으며 2000년대 초반부터는 럭셔리 마케팅을 본격화했다. 이 회사는 2007년만 해도 전년대비 77%의 성장을 했으며, 작년과 올해에도 역시 견고한 성장을 하고 있다고 말한다. 이들은 동 페리뇽 갈라 디너를 통해 오피니언 리더들을 불러 모으고, 신영옥 같은 세계적인 가수의 공연도 곁들인 행사를 펼친다. 뿐만 아니라 20년 아니 30년, 더 나아가 40년 이상 숙성된 샴페인의 맛을 보이며 샴페인의 우아한 성숙미를 선보이기도 하고, 유명 쉐프를 초대해 진기한 식도락의 향연과 샴페인의 궁합을 체험하게 한다.

언뜻 보면 화려한 마케팅이 성장의 근원인 듯 보이나, 샴페인의 성장은 유통시장을 확실하게 잡고 있는 시장 장악력에서 비롯된다. 모엣 헤네시의 회장 크로스토프 나바르는 한 인터뷰에서 그 중요성을 강조한 적이 있다. 그는 "브랜드를 통제하고 싶으면 유통을 통제해야 한다"고 말했다. 한국 지사 역시 80년대 말부터 코냑을 유통하기 위해 주류 도매업자의 마음을 사로잡으려고 노력했으며, 그 결과로 구축된 코냑과 주류의 튼튼한 유통 물결에 와인을 살포시 얹어 상승효과를 본 것으로 추측된다. 하지만 이러한 유통에 관한 애기는 럭셔리 마케팅에서 결코 언급되지 않는다. 허영을 고급 이미지로 변환해야 하기 때문이다.

스푸만테가 아닌
프란차코르타라고 불러다오

스파클링 양조장들은 샴페인의 판타지를 부러워해도 정작 품질은 제고하지 못하고 있다. 샴페인의 관능적인 특성 중에 하나는 그윽한 이스트의 맛인데, 다른 어떤 스파클링도 이 맛을 내지 못한다. 물론 이스트야 토착적인 요소가 가미되기 때문에 재현하기 힘들다고 하더라도, 샴페인처럼 효모찌꺼기를 병 속에 둔 채 15개월 이상 혹은 3년 이상을 숙성하는 그런 스파클링은 찾기 어렵다. 모두들 상급은 질투해도 오랫동안의 숙성에는 관심이 없는 것이다.

보통 스파클링은 몇 달 내로 출시되는 신속함을 자랑한다. 하지만 와인산업에서 프랑스의 영원한 맞수 이탈리아에는 샴페인의 품질 수준에 가장 근접한 스파클링이 있다. 바로 프란차코르타. 이 스파클링은 특유의 익은 맛이 있으며 숙성력도 뛰어나서 스파클링의 단연 으뜸으로 꼽아도 전혀 손색이 없다.

어릴 적에 본 영화 중에 재미난 이름이 있다. 나중에 알고 보니 이탈리아와 스페인에서 찍은 짝퉁 서부 영화 즉 마카로니 웨스턴이었지만 그건 별로 문제되지 않는다. 그 삼부작 영화는 '내 이름은 튜니티' '튜니티라 불러다오' '아직도 내 이름은 튜니티' 다. 이 영화처럼 프란차코르타는 당당히 나타나서 더 이상 자신을 스푸만테_{스파클링의 이탈리아어}라고 부르지 말고, 프란차코르타라 불러달라고 외친다.

프란차코르타는 샴페인의 특색을 두루 갖춘 원산지이다. 어떤

프란차코르타의
선두 그룹에 속하는 벨라비스타

특색이냐 하면 화려함 뒤에 숨어 있는 경제적 논리를 말한다. 이미 자국 내 고급 레스토랑에서 대접을 받고 있다. 또한 샴페인의 이름에서 비쳐나오는 판타지, 샴페인 병에서 드러나는 화려한 외양, 그리고 소프트하고 럭셔리하고 휘황찬란하게 소구하는 광고, 이 세 가지를 프란차코르타는 모두 체득하였다.

전원적이고 목가적인 프란차코르타의 위치가 많은 걸 담고 있다. 프란차코르타는 밀라노에서 1시간 내에 다다르는데 이탈리아에서 가장 산업화된 도시 밀라노에서 가깝다는 사실은 프란차코르타에게는 여간 행운이 아니다. 양조 자체가 상당히 과학기술적으로 뒷받침되어야 하기 때문이고, 대량생산되는 제품들이 산업체의 고임금자들로부터 왕성한 수요로 인해 유통에 탄력을 받을 수 있기 때문이다.

1958년 귀도 베를롯키에 의해 탄생된 프란차코르타는 1995년에

는 롬바르디아 지방 최초의 DOCG가 되어 그 지방 대표와인으로
군림함과 동시에 평생소원이었던 스푸만테를 떼고 오직 지역명인
프란차코르타로 호칭하게 되었다. 간절히 원하면 온 우주가 그 소
원을 빌어준다는 《연금술사》의 표현대로 프란차코르타는 프란차코
르타로 공식 호칭되는 와인이 된 것이다. 샴페인이 샴페인으로 불
리는 것처럼.

 미셸 도바츠가 지은 《파인 와인Fine Wine》에 수록된 유일한 스파클
링이자, 와인지 〈디캔터〉가 선정한 '죽기 전에 마셔볼 100가지 와
인'에 포함된 유일한 스파클링인 '카델 보스코'는 대표적인 프란차
코르타이다. 1968년에 창설된 이곳은 역사에서 보더라도 샴페인과
는 큰 차이를 보인다. 1743년에 개업한 모에 샹동보다 무려 220년
이상이나 늦은 것이다. 여기의 오너이자 프란차코르타 조합장이기
도 한 마우리치오 차넬라는 "우리는 샴페인의 라이벌이 아닌 대안
이고자 한다"고 말한다. 그러면서 자신들만의 독특한 개성으로 샴
페인의 그늘로부터 독립하려고 한다.

 프란차코르타는 프랑스 포도로 만들지만 샴페인과 품종이 꼭 같
진 않다. 피노 뮈니에 대신 피노 블랑을 혼합한다. 물론 샤르도네와
피노 누와는 샴페인과 같지만. 또한 제법상으로도 약간의 변화가
있다. 하지만 샴페인 방식에서 크게 벗어나지 않는다. 생산량으로
보면 프란차코르타는 고작 샴페인의 3%에 해당하는 소량이다. 매
년 1000만 병 정도 병입한다. 그러니 경쟁이기보다는 틈새시장 공
략이 전략일 것이다.

프란차코르타의 매력은 숙성과정에서 비롯된다. 일반 스파클링 와인의 숙성기간이 겨우 몇 달에 불과하지만, 프란차코르타는 최소 2년 이상의 병 숙성을 통해 출시된다. 그래서 특유의 묵은 이스트 향취가 다른 스파클링에서는 느낄 수 없는 기품과 깊음을 제공한다.

진정한
샴페인의 매력

외서《죽기 전에 사야 할 101가지 물건 101 Things to Buy Before You Die》에서는 샴페인과 스파클링의 차이를 확인할 수 있다. 러시아 황제에게 독점 공급되기도 했던 샴페인 크리스탈이 목록에 있지만 그 외의 어떤 스파클링도 없다.

그렇다면 샴페인의 매력은 무엇일까? 어떤 점이 큰 장점이 되는 걸까? 뭐니뭐니해도 숙성력이다. 샴페인만큼 오랫동안 만들어지는 스파클링은 없으며, 또 그만큼 오래 저장할 수 있는 것도 없다. 연도를 표시하는 샴페인은 3년 이상 이스트 찌꺼기와 함께 묵힌 후에 출시된다. 샴페인에 가장 근접한 프란차코르타는 2년의 기준을 지니고 있을 뿐이다.

일부 샴페인 생산자는 기준을 한참 초과해 어찌 보면 과할 정도로 오랫동안 묵힌다. 그래서 6~7년 숙성은 그저 평범한 수준으로 보이며, 한 20년 이상은 되어야 애호가들의 구미를 당길 수 있다.

이런 매력은 샴페인에만 있다. 그럼 어떤 조건들이 샴페인을 이다 지도 오랫동안 묵히게 만들까?

우선 샴페인은 오랜 양조전통을 지니고 있어 많은 시행착오로부터 지혜를 축적하고 있다. 그래서 빈티지의 특성이 얼마나 유지되는지에 대한 남다른 경험이 있다. 샴페인은 한 해 동안에 다 팔 수 없는 어마어마한 양을 생산해 상당량을 셀러에 비축해가며 출시시기를 조절할 수 있다. 그러는 가운데 맛의 변화를 지속적으로 관찰하는 것이다.

동 페리뇽은 보통 7년 정도 지나면 출시되지만, 빈티지가 특별한 경우는 많은 양을 더 오래 두어 나중에 별칭을 붙여 동일 빈티지를 다시 출시한다. 이럴 때 '외노테크'라고 구분 표시하여 15년 혹은 그 이상의 묵힌 맛을 선보인다. 사실 이런 경우는 특정한 브랜드에 한한 경우이고, 대부분의 샴페인은 동일한 맛으로 수백만 병에서 수천만 병에 이르는 많은 양을 생산한다. 그러니 획일적인 맛의 유지가 긴요하다. 해서 화학공장 같은 대규모의 설비가 불가피하지만 멀리서 양조장을 보았을 때에는 와인회사의 이미지는 느껴지지 않는다. 단순히 이미지만 와인에 어울리지 않는 게 아니라 그 액체의 성격 자체가 와인과는 다르다는 주장도 있다.

13권의 와인책을 지은 앤드류 제퍼드는 한 기고문에서 '샴페인은 프랑스에서 가장 이상한 와인'이라고 주장했다. 우선 프랑스는 테루아를 숭상하여 좁은 면적도 여러 개의 원산지로 분할하는데 반해, 샴페인은 맘모스 같은 어마어마한 면적이 달랑 하나의 원산지를 이루는 점이고, 둘째는 와인의 표현은 빈티지로 이루어지는데 비해, 샴페인은 빈티지가 없는 점, 셋째로 훌륭한 와인은 밭에서 저수확한다고 믿고 있지만, 샴페인은 가능하다면 남김없이 최대의 수확을 올리는 점, 이 세 가지를 샴페인의 역설이라고 설명했다.

양으로 승부한다는 측면에서 샴페인은 보르도와 비슷하지 않느냐고 생각할 수 있다. 보르도 역시 샴페인처럼 여러 품종의 혼합을 통해 와인을 만들지 않는가. 샴페인 루이 뢰더러의 오너 프레데릭 후조는 한 인터뷰에서 받은 보르도와 샴페인의 차이점이 뭐냐라는 질문에 "주요 차이점은 바로 우리 샴페인이 좀 덜 거만하지요"라고 대답했다. 보르도에서는 샤토에서 와인을 만들기만 하고, 유통이나 마케팅은 모조리 네고시앙에게 맡기는 것과는 달리, 샴페인은 생산과 마케팅을 병행하는 실정을 두고 한 말이다.

샴페인의
대안

로미오와 줄리엣의 고향 근처에는 프로세코라는 스파클링이 있다. 프로세코는 프란차코르타의 약 여섯 배의 규모를 자랑하며, 청포도 글레라Glera로부터 잉태된다. 이를 샴페인의 진정한 대안이라고 여기는 사람들이 많다. 왜냐하면 샴페인과 같은 산뜻함을 주지만 값이 아주 저렴하기 때문이다. 청포도 글레라의 청량감과 일정

여러 종류의 프로세코

수준 이상의 품질에 담보는 DOCG등급이므로 믿을 수 있다. 2008
년의 생산량은 약 5700만 병이고, 매출액은 3억 7000만 유로였다.
　수량은 모엣 헤네시 단일 회사의 생산량과 비슷하며 수량과 금
액 면에서 모두 샴페인과 격차가 크지만, 세계 여러 스파클링 중에
서 유일하게 샴페인의 라이벌로 꼽힌다. 사람들이 대안이라고 주

장하는 밑바닥에는 프로세코의 상쾌함이 깔려 있다. 샴페인처럼 15개월 혹은 3년 이상 숙성하지 않고, 수개월 내에 출시하는 일반 프로세코는 샴페인의 절반도 되지 않는 합리적인 가격으로 고객들을 끌어당긴다.

프로세코의 등장 훨씬 이전부터 샴페인을 공략하며 스파클링의 장점을 세간에 알린 게 있으니 그건 바로 스페인의 카바다. 와인지 〈마이닝거스Meininger's〉의 2008년 8월호에 따르면, 스페인 카바는 2007년 기준 총생산량은 2억 2000만 병이고, 그 중에서 베스트셀러인 코르돈 네그로는 매년 3100만 병이 생산된다. 이는 최대시장 미국에서 9달러에 팔리는 저렴한 상품이다.

독일의 스파클링인 젝트는 카바와 같은 기준으로 3억 6000만 병을 생산한다. 스파클링의 전문가가 많고, 소비자가 유럽에서 가장 많은 독일은 자국 생산량을 훨씬 뛰어넘는 소비량을 보인다. 2007년 독일인들은 약 4억 1000만 병의 스파클링을 마셨다. 독일 1위 헨켈 트로켄 역시 서울에 들어와 있다.

국내 시장에 유통되는 샴페인의 현황은 다음과 같다. 모에 샹동6만 원대, 뵈브 클리코7만 원대, 크룩35만 원대, 동페리뇽30만 원대, 멈6만 원대, 페리에 주에30만 원대, 니콜라 퓨이얏트7만 원대, 로랑 페리에15만 원대. 프로세코는 빌라 산디, 산테로, 자르데토가 각각 3만 원대이다.

샴페인이 가장 싼 곳은 할인점이다. 거긴 더 이상 싸구려 와인만 파는 곳이 아니다. 미국 코스트코가 와인매출이 제일 높으며, 정육 코너 옆 와인코너에서 특급 와인이 손쉽게 팔리는 것처럼 우리 땅에서도 마찬가지다. 와인을 가장 많이 파는 이마트 중에서도 특히 와인전문점이 숍인숍의 형태로 설치된 지점에는 동 페리뇽이 진열된다. 할인점에 가면 샴페인의 판타지 값을 덜 낼 수 있다.

1년에 한 번 신년파티, 생일, 결혼기념일에 아주 가끔 마시는 샴페인보다 주말마다 혹은 더 자주 마실 수 있는 스파클링을 추천한다. 주위를 둘러보면 축하할 그리고 축하 받을 일이 아주 많다. 그저 개봉하기만 하면 된다. 차갑게 대령하면 된다. '뻥' 하고 터지는 환상적인 샴페인과 '펑' 하고 터지는 실속형 스파클링의 소리는 같다. 길다란 잔에서 중력을 거스르며 솟구치는 명태알 같은 잔거품도 역시 다름없다. 스파클링 중에서도 프란차코르타나 프로세코 혹은 카바나 젝트는 많은 경우에 샴페인의 대안이 될 수 있다.

네 번째 대결.

투명하고 순수한 소비뇽 블랑의 매력은 특유의 새콤함과 상큼함에 있다.
쇼비뇽 블랑의 원산지는 프랑스 루아르 지역이지만, 대량생산으로 가격
이 저렴한 뉴질랜드 말보로 지역이 그 대안으로 손꼽힌다.

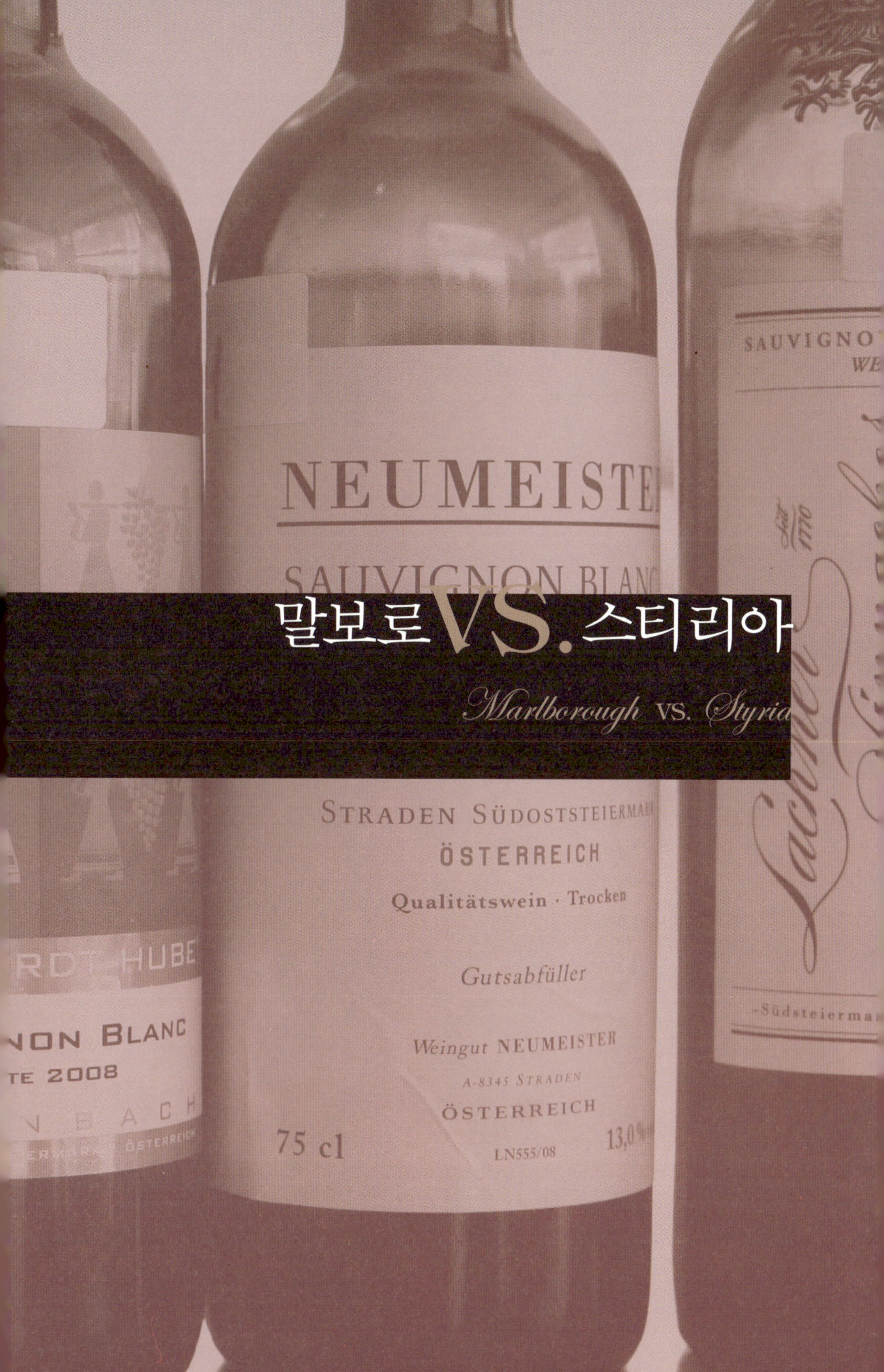
말보로 VS. 스터리아
Marlborough vs. Styria

4. 소비뇽 블랑의
치열한 2인자 대결,
말보로 VS. 스티리아
Marlborough vs. Styria

소비뇽 블랑은 언제 어디서나 어울리는 맛이다. 현명한 소비자라면 뉴질랜드의 말보로와 오스트리아의 스티리아 중에 무엇을 고를까?

투명하고 순수한 소비뇽 블랑의 매력은 특유의 새콤함과 상큼함에 있다. 소비뇽 블랑의 원산지는 프랑스 루아르 지역이지만, 대량생산으로 가격이 저렴한 뉴질랜드 말보로 지역이 그 대안으로 손꼽힌다. 그러나 최근 들어 평가되고 있는 오스트리아의 스티리아 지방이 그 말보로의 자리를 넘보고 있다. 소비뇽 블랑의 2인자 자리를 놓고 세계 시장에서 경쟁을 벌이는 말보로와 스티리아의 현주소를 찾아가본다. 과연 말보로가 절대반지를 차지할 것인가, 아니면 스티리아가 루아르의 적통을 물려받을 것인가!

왜 소비자들은
소비뇽 블랑에 열광하는가?

소비뇽 블랑은 어떤 청포도일까? 1910년에 출간된 《포도 품종학 Ampelography》의 공저자인 미셸 카조-카자레 Michel Cazeaux-Cazalet 는 소비뇽 블랑의 특징을 쉽게 정리했다. 그는 책에서 "소비뇽 블랑의 아로마는 아주 독특해서 다른 품종과 혼동될 수가 없다. 그것은 바닐라의 아로마와 뮈스카 포도의 아로마와 비교된다. 소비뇽 블랑으로 만든 와인은 단일한 맛이 난다"고 기록했다.

소비자들이 열광하는 이유는 소비뇽 블랑의 다채로운 맛에 있다. 보르도 대학의 드니 뒤부르디외 Denis Dubourdieu 교수는 소비뇽 블랑의 맛을 이렇게 요약한다. "소비뇽 블랑의 맛은 자몽, 유칼립투스, 패션프루트, 토마토 잎, 구스베리, 구아바, 흰 복숭아, 아스파라거스 스프, 아카시아 꽃을 연상한다. 병에서 몇 년 숙성되면 좀 더 고급스런 맛이 나는데 약간 스모키하며, 부싯돌 느낌이 있고, 어떨 때에는 트뤼플 향내가 있다."

이런 맛을 우리 식으로 표현하자면 소비뇽 블랑에서 주로 나는 맛은 풀맛이다. 잔디나 풀을 벤 후에 풍기는 식물성 향이다. 시퍼런 풋사과의 상큼함도 있고, 자몽이나 귤의 시린 맛도 있다. 오크 숙성한 소비뇽 블랑은 특유의 바닐라향기가 버무려져 질감이 풍성한 가운데 크림같이 기름진 맛이 나기도 한다.

뉴질랜드
말보로 지역

프랑스 와인에는 프랑스의 인문학적 요소가 깃들어 있지만, 신생국가들의 와인에는 그렇지 않다. 뉴질랜드는 그 대신 자연이 통째로 녹아 있다. 천혜의 자연환경을 자랑한다. 아무도 건드리지 않아 자연의 원초성이 지구 마을에서 제일 잘 보존되어 있다.

뉴질랜드의 개성은 이러한 자연에서 나온다. '키-위-' 하고 운다는 키위 새는 오직 여기에만 살아 오늘날 뉴질랜드의 국조가 되었다. 이렇게 특이한 동식물 군락을 잉태한 지리학적 위치는 와인까지도 개성 강하게 만들었다.

오늘날 수많은 와인 가운데 총체적으로 봐서 뉴질랜드 와인만큼 확실한 이미지를 지닌 것도 없다. 한마디로 특유의 신맛이 활기를 띠는 와인이다. 풋사과의 싱그러움이 묻어난다. 소스라치게 놀랄 신맛이 뉴질랜드 와인의 특성이다.

뉴질랜드는 영화 '반지의 제왕' 으로 우리에게 확실하게 다가왔지만, 그 전에 소비뇽 블랑으로 전 세계에 확실한 와인생산 국가로 자리 잡았다. 소비뇽 블랑은 다른 곳이 아닌 말보로 지역에 맨 먼저 심어져 오늘날에 이른다. 강력한 담배브랜드 말보로처럼 말보로 지역은 소비자들을 소비뇽 블랑에 중독되게 만들었다. 와인전문가 오즈 클라크Oz Clarke는 "뉴질랜드 소비뇽 블랑은 이전의 어떤 와인도 해보지 못한 일을 해냈다. 그것은 전 세계에 충격을 주면서 등장한 것이다"라고 말했다.

오스트리아의 토스카나로 불리는 스티리아의 그림 같은 풍경. 산 정상에 닦인 도로 주변에는 레스토랑, 양조장 등이 풍광에 어울리게 조성되어 한 폭의 수채화를 연상하게 한다.

말보로는 뉴질랜드 와인 경작지의 절반이 있는 곳이다. 가장 큰 규모의 와인산지인 말보로는 뉴질랜드 남섬의 북동쪽 끄트머리에 위치한다. 그 일대는 우리의 다도해 국립공원처럼 하구가 발달되어 있어 적도를 기준으로 삼으면 꼭 데칼코마니처럼 보일 것이다. 말보로는 와이루 밸리, 아와테레 밸리, 블라인드 리버로 나뉘는데, 대부분의 말보로 소비뇽 블랑은 와이루 밸리의 평탄한 지역에서 양조된다. 우리나라에 유통되는 브랜드 중에서 클라우디 베이, 몬

뉴질랜드 말보로의 클라우디 베이 소비뇽 블랑과 몬타나 소비뇽 블랑

타나, 빌라 마리아, 킴 크로포드 등이 이 곳 출신이다.

뉴질랜드 와인의 역사는 우리의 산업화 역사처럼 일천하지만 그 성과는 괄목할만하다. 뉴질랜드 와인을 일찍부터 영국시장에 수입 유통한 존 애버리John Avery MW는 한 기고문에서 "뉴질랜드의 와인산업이 1970년대에 개시된 것은 경제적인 이유에서 찾을 수 있다. 1973년 영국이 유럽경제공동체현재 유럽연합(EU)로 개칭에 가입함으로써 뉴질랜드는 더 이상 영국과의 전통적인 교역 조건을 유지할 수 없어 농업의 타개책이 필요했고, 뉴질랜드 정부는 와인산업을 돌파구로 마련하려 했던 것이다"라고 주장했다.

청운의 꿈을 품고 달려온 이민자들은 와인산업이 개시되기 약 30년 전부터 와인의 불모지를 본격적으로 개간하기 시작했다. 최초로 말보로에 소비뇽 블랑을 심은 양조장은 몬타나Montana다. 미국시장에서는 브란콧으로 팔리는데 미국의 몬타나주와 이름이 같기 때문에 다른 브랜드를 택했다. 몬타나 최초 빈티지는 1979년. 그러나 정작 말보로 소비뇽 블랑의 우수성을 만방에 알린 이는 몬타나가 아니라 클라우디 베이 양조장이다. 1985년 빈티지가 출시되면서부터 소비자들은 말보로의 소비뇽 블랑을 뉴질랜드의 대표적인 정체성으로 인식하게 되었고, 클라우디 베이는 금방 베스트셀러가 되었으며 사반세기가 흐른 지금도 이 추세는 유지되고 있다.

뉴질랜드의 포도재배 환경은 남다르다. 일조량이 많고, 밤이 서늘해서 일교차가 크며, 가을비가 별로 없고, 배수가 용이한 충적토에 자리 잡고 있다. 오늘날 뉴질랜드 와인은 날지 못하는 키위를 대신해서 전 세계를 날아다니며 수출 효자 상품이 되었다.

잰시스 로빈슨이 신참기자로 근무했던 영국 와인지 〈와인 앤 스피릿Wine&Spirit〉이 2008년 보도한 바에 의하면, 와인업계 종사자들에게 원산지 브랜드의 인지도를 물었더니, 말보로가 8위를 차지했다. 이는 샴페인, 보르도, 부르고뉴, 리오하, 캘리포니아, 코트뒤론, 샤블리 다음가는 인지도로서 이탈리아의 어떤 원산지든 모두 눌러버린 대단한 인지도의 힘을 보였다. 유명한 키얀티는 말보로 다음 순위인 9위에 올랐다.

말보로의 강력한 대안, 오스트리아의 스티리아

유럽 중심에 위치한 오스트리아는 화이트의 수준이 세계적이다. 다뉴브 강변의 가파른 밭에서 자라는 리슬링과 그뤼너 벨트리너의 품질은 이미 확고부동한 위치에 올라 있다. 하지만 이는 와인전문가의 세계에나 통할 뿐, 일반 소비자들은 오스트리아 와인을 전혀 알지 못하고 있다.

우리나라에서는 오스트리아 와인을 수입하는 곳이 겨우 두 군데밖에 없다. 영국 와인전문 월간지 〈디캔터〉의 에이미 위스로키Amy Wislocki는 "세계의 와인 음용자들 대부분이 오스트리아 와인의 기쁨을 발견하지 못하는 것은 슬픈 일이다"라고 했다.

오스트리아의 와인 마케팅을 책임지고 있는 '오스트리아 와인마케팅 보드Austrian Wine Marketing Board’의 대표 빌리 클린거Willi Klinger는 이에 대해 확실한 설명을 하고 있지만 알려지지 않는데 대해 그리 실망하지 않는다. 그는 "우리의 와인생산은 전 세계의 1% 수준이고, 그 중 75%를 내수 판매하니, 실제 생산은 세계 생산량의 0.25%밖에 되지 않는다. 그래서 우리는 어느 누구와도 경쟁하지 않지만, 오스트리아 와인에 대해서는 제대로 알리고 싶다"고 말한다.

이런 무명의 오스트리아 화이트의 명산지 중에서 외래 품종 소비뇽 블랑에 천착하는 지방은 스티리아다. 지난 30여 년 동안 오스트리아 와인을 지켜보고 있다는 와인평론가 스티븐 브룩Stephen Brook은 스티리아에서 소비뇽 블랑의 중요성을 〈디캔터〉에 기고하였다. 스티븐 브룩은 기고문에서 "오스트리아 와인의 강점이 토착품종으로 와인을 만드는 것이라서, 외래 품종이 발붙이지 못하는데, 소비뇽 블랑은 스티리아에서 성공적이다"라고 평가했다. 스티리아의 소비뇽 블랑은 천편일률적인 맛을 낸다는 비판을 받고 있는 말보로의 대안으로 떠오르고 있다.

스티리아는
오스트리아의 토스카나로 불린다

이탈리아 중심에 위치한 토스카나의 풍광이 여행객들의 마음을 설레게 하듯, 스티리아의 경관은 역시 빼어나다. 오스트리아의 남단에 위치한 스티리아는 슬로베니아와 접경을 이룬다.

스티리아는 북쪽에 위치한 다른 와인산지들과는 달리 대부분 드라이 화이트 와인을 생산하는데 이런 경향은 슬로베니아와 흡사하다.

나라 전체 경작지의 5% 정도에 불과하지만 품종이나 스타일은 다채롭다. 특히 개성 강한 소비뇽 블랑과 샤르도네는 오스트리아에서 최고 수준을 자랑한다. 프랑스 품종인 소비뇽 블랑과 샤르도네가 스티리아로 건너온 지는 벌써 한 세기가 훨씬 지났다. 특히 샤르도네는 오크통이 아닌 다른 통 즉 스테인리스 스틸통에서 숙성될 경우 '모리용'이라는 별칭이 붙을 정도로 스티리아의 개성이 담겨 있다.

스티리아의 주도는 그라쯔로서, 이문열의 소설 《추락하는 것은 날개가 있다》의 여주인공이 숨어 들어갔던 도시로 유명하다. 그라쯔는 수도 비엔나 다음가는 도시이지만 인구는 25만 명밖에 되지 않는다. 하지만 그라쯔는 오스트리아뿐 아니라 유럽에서도 중요한 역할을 맡고 있다. 2003년에는 유럽연합이 매년 지정하는 '올해의 유럽 문화의 수도'에 선정되었고, 구시가는 유네스코 자산으로 등록되어 있다. 그라쯔 출신으로 유명한 사람은 보디빌더의 신화를 창조한 아놀드 슈왈제네거다.

스티리아는 우리로 치면 지리산 일대의 전남이나 경남에 해당하는 산악지대다. 600미터에 이르는 봉우리에 조성한 차도는 사방팔방으로 흩어지는데, 길가에는 깔끔한 호텔, 양조장, 레스토랑들이 늘어서 있어 관광객을 부른다.

유네스코 유산으로 보호받는 그라츠의 시내 풍경. 〈추락하는 것은 날개가 있다〉의 여주인공은 이곳에
다시 살았을까?

유럽인들에게 이런 스티리아로의 여행은 언제나 1순위로 꼽힌다. 울창한 삼림을 산책하고, 맛난 화이트 와인을 마음껏 마실 수 있기 때문이다. 멋진 나무숲을 병풍 삼아 가파른 언덕에 조성된 스티리아의 포도밭은 오늘날 다뉴브 강가의 포도밭과 더불어 오스트리아의 고품질 화이트를 끌고 가는 쌍두마차다.

스티리아는 서부 스티리아, 남부 스티리아, 남동 스티리아로 나뉜다. 서부 스티리아는 여름에 화들짝 놀랄 만큼 신맛이 강한 로제 와인 '쉴허'가 유명하다. 오스트리아의 와인지 〈폴스타프Falstaff〉의 편집장 피터 모젤은 "쉴허는 마치 리피짜너 말과 같다"고 했다. 그는 계속해서 "리피짜너가 태어날 때는 암갈색이지만, 성장하면 백마로 변하듯이, 쉴허 역시 검은 포도로 태어나지만, 로제로 성장한다"고 말했다.

남동 스티리아는 화산토양에서 자라는 게뷔르츠트라미너가 돋보인다. 마지막으로 남부 스티리아는 최고 품질의 화이트를 잉태한다. 발터 스코프Valter Skoff에서 수출을 맡고 있는 제이슨 터너Jason Turner에게 스티리아에서 소비뇽이 어떻게 해서 유명해졌는가를 물었더니, 그는 "양조가들이 여행을 통해 좋은 와인의 경험을 넓히는 가운데, 일교차가 크고 서늘한 스티리아에서 소비뇽 블랑이 적합하다는 결론에 이르렀다"고 대답했다. 그러면서 그는 "1990년대까지 와인의 목적이 금방 마시는 데 있었기 때문에 숙성력에는 별로 관심이 없었으며, 최근에 고급 소비뇽 블랑에 대한 관심이 제고되고 있다"고 했다.

스티리아의 특산 로제와인 쉴허는 레드 품종 블라우어 빌바허로 만든다.

2009년 6월 초에는 슬로베니아와 접경을 이루는 지역에 포도밭을 두고 있는 양조장 테멘트Tement를 방문했다. 지역 최고로 꼽히는 테멘트 양조장은 포도밭 찌렉Zieregg 바로 위에 조성되어 경관도 뛰어나다. 마주 보이는 높고 낮은 산등성이는 바로 슬로베이나 산야이다. 최고의 양조장은 쉴 틈이 없는 것일까?

일꾼들은 하루 종일 무언가를 밭에 살포하고 있었다. 이곳에서 영업과 마케팅을 맡고 있는 아르노 베르글러Arno Bergler는 그 이유에

사진 정중앙에 있는 스티리아의 대표적인 양조장 테멘트의 건물은 산 꼭대기에 위치하며, 건물 아래로 최고의 포도밭 찌렉이 보인다

대해 "지금 뿌리고 있는 약은 파스폴리어Pasfoliar인데, 이곳은 고온에다 습도가 높아 비가 오기만 하면 금세 흰가루병Mildew이 번지기 때문에 미리 파스폴리어를 뿌려 만약을 대비한다"라고 설명했다.

유럽인들에게 왜 스티리아가 좋으냐고 물으면 한결같이 경치가 좋고, 공기가 맑다고 대답한다. 그러나 필자가 보기에 이런 풍광은 그리 새로운 게 아니다. 곰곰이 생각해보면 우리 강토에 이보다 더 멋진 산들이 많다. 그래서 그런지 몰라도 나에게는 그렇게 대단해

보이진 않았다. 하지만 높이 평가할 것은 600미터 높이의 산들을 이은 도로, 그 도로 곳곳에 발달한 포도밭, 그 주변에 조성된 단정한 호텔들 그리고 우아한 레스토랑과 편의 시설들, 그 모든 것이 자연과 조화를 이루어 유럽인들로 하여금 다시 찾고자 하는 마음을 불러일으키는 것이라고 짐작해본다.

공통점과
차이점

이역만리 떨어진 말보로와 스티리아의 공통점은 둘 다 서늘한 기후대에 속해 있다는 사실이다. 이것은 화이트 와인을 양조할 때 유리하다. 새콤한 청포도를 서서히 익힐 수 있는 기후는 고품질 화이트의 필수적인 조건이다.

남반구에 위치한 말보로는 남위 40도 부근에 있다. 적도를 기준으로 상하대칭을 해보면 북한 신의주에 해당하고 스티리아는 북위 47도에 위치한다.

말보로와 스티리아 둘 다 농작물 한계선에 육박하는 위도에 머물러 포도가 다 익는 것을 쉽게 장담하기는 어렵다. 스티리아는 이러한 지리적 불리함을 해소하기 위해 일조량을 최대한 확보하는 위치로 선택한다. 즉, 평탄면보다는 경사면에 포도밭을 조성하는 것이다. 하루 종일 해가 비치는 곳을 선택해서 포도 완숙에 만전을 기한다. 산림지대인 스티리아의 지형을 최대한 활용하는 방편이다.

이에 비해 말보로는 무척이나 평탄한 지역이다. 가파른 언덕을 기대하기 어렵다. 바다에 연해 있고 일기가 불순하여 어느 누구도 일찍이 와인산업이 발달하리라 예측하지 못했다. 서늘한 기후가 포도 생육에 좋다고는 하나 한랭할 정도라면 상황은 달라진다.

국가 기간산업으로서의 농업을 육성하기 위하여 뉴질랜드는 유럽에서 엄격히 시행하고 있는 와인양조의 금지덕목에 대해 자유재량을 허용하고야 말았다. 햇빛이 부족하여 광합성이 원활하지 못할 경우에 포도가 잘 익지 않는다. 그러면 도수가 낮게 되므로 이럴 때 설탕을 첨가하여 도수를 올릴 수 있다. 또한 포도가 잘 익지 않으면 신맛이 많은데 화이트의 생명인 신맛이 너무 많아 마시기 힘든 경우에는 호분^{성분은 탄산칼슘이며 조개껍데기를 습식 분쇄하여 만든다}을 첨가하여 산을 침전시킴으로써 산도를 낮출 수도 있다. 이렇듯 뉴질랜드는 고품질 와인을 생산하기 위해 정부가 대부분 양조기술을 허용하고 있다.

또한 말보로와 스티리아는 스파클링 와인도 품질이 좋다. 산도 높은 와인은 신맛이 강하니 스파클링을 만들기에 제격이다. 스티리아에서는 쉴허가 유명하고, 말보로에서는 많은 양조장들이 스파클링도 담근다.

스티리아와 말보로의 차이를 테루아와 기술의 차이로 설명할 수도 있다. 스티리아 양조장들은 아버지나 할아버지 등 선대로부터 물려받은 땅에서 와인을 생산하므로 그들의 터전인 땅에 대해 경의를 표한다.

이전 불가능한 대지를 자산으로 가족 경제체제를 유지하는 것이 스티리아라면, 말보로는 이와는 판이하게 다르다. 말보로의 와인 양조는 이제 한 세대를 지날 뿐이다. 1970년대 말에 첫 출시하여 80년대에 이름을 얻기 시작한 말보로는 땅보다는 기술에 매달린다. 뉴질랜드 양조산업의 경향이라고 할 수 있는 이런 추세는 오늘날 호주, 칠레, 아르헨티나에도 똑같이 적용된다.

과학기술로 중무장한 양조기법을 오히려 유럽 한복판으로 수출하기도 하여 '플라잉 와인메이커'라는 용어도 탄생시켰다. 이런 와인메이커는 계절이 반대인 유럽으로 비행기를 타고 다니면서 기술을 가르친다고 해서 붙은 별명이다.

테루아에 천착하는 스티리아의 와인은 스티리아의 전통과 문화와 함께 이해되어야 한다. 스티리아를 여행하는 중에 현지에 살고 있는 그들의 모습을 통해 와인을 더 깊이 이해할 수 있다. 하지만 말보로의 양조장은 생활이라기보다는 기업이고 프로젝트다. 거기서 일상생활이 일어나지 않는다. 산업화되고 규모화된 대량 생산 체제로서의 양조장 운영이 지고의 목표이기 때문에 와인 한 병에서 얻을 수 있는 것은 문화적 가치와는 거리가 있다.

다윗과
골리앗

　말보로의 소비뇽 블랑 경작지는 1만 헥타르를 넘지만, 스티리아는 겨우 400헥타르이며, 개별 양조장의 규모 또한 크게 차이난다. 말보로에서 가장 큰 규모의 양조장 몬타나는 자체 포도원과 수매하는 포도원의 면적을 합하면 1000헥타르도 넘지만, 스티리아는 겨우 수십 헥타르 수준이다. 스티리아와 말보로는 다윗과 골리앗과 같다. 말보로의 4% 남짓한 스티리아의 규모는 정말 하찮은 수준이다. 하지만 테루아와 가업으로 똘똘 뭉친 스티리아는 개성 강한 와인으로 점점 인지도를 넓히고 있다. 1995년 유럽연합 가입 이후

테멘트 양조장의 지하 셀러

에 스티리아 양조장들은 수출에 박차를 가하고 있으나 그들이 팔수 있는 수량은 말보로에 비하면 얼마 되지 않는다.

말보로의 신데렐라,
클라우디 베이

말보로를 단숨에 소비뇽 블랑의 중심지로 등극시킨 브랜드 클라우디 베이는 실제로 '자주 구름이 끼는 만'이라는 뜻의 클라우디 베이 지명을 따서 만들었다. 클라우디 베이의 신데렐라 스토리는 이렇게 시작했다.

서호주에서 와인을 만들던 데이비드 호넌David Hohnen이 뉴질랜드 출장에서 우연히 소비뇽 블랑을 얻어 마시고 그 품질에 반했다. 비행기에서 내려다본 클라우디 베이의 풍광이 너무 아름다워 와인명을 클라우디 베이로 삼고 말보로에서 양조를 시작했다.

1985년 데뷔 빈티지가 나온 이래 클라우디 베이는 많은 애호가들이 시험 삼아 마셔보는 첫 번째 말보로였다. 뉴질랜드 산업에 영국 비중이 큰 관계로 자연스럽게 영국 와인전문가들이 클라우디 베이를 맛보는 일이 많아졌는데, 너, 나 할 것 없이 그 풍성함과 꼿꼿한 신맛으로 클라우디 베이는 하루아침에 유명와인이 되어버렸고, 곧 품절되기까지 했다. 〈뉴욕타임스〉에는 와인의 거장 휴 존슨Hugh Johnson이 클라우디 베이를 연기 내가 나며, 숨 막히는 듯한 자극적인 신맛을 가졌다고 평가한 대목이 보도되기도 했다. 데이비드는 그 후에 양조장 지분을 루이비통 그룹에 매각하였다. 해외에서 3만 원 남짓한 클라우디 베이는 루이비통 그룹이 파는 제일 싼 명품이다.

스티리아의
탁월함

스티리아의 와인 수준이 세계 와인전문가들에게 널리 알려진 계기를 꼬집어 얘기하기는 힘들지만, 1998년도 〈LA타임스〉 기고문을 읽을 필요가 있다. 독일의 와인전문가인 영국인 스튜어트 피곳Stuart Pigott은 스티리아의 탁월함을 현장감 있게 묘사하였다.

> 때는 1998년 10월, 장소는 비엔나 브리스톨 호텔. 평가자들은 단호했다. 어떤 이는 "아주 고전적이군. 프랑스산만이 가능한 일이지"라고 했고, 또 다른 이는 "아주 우아해, 분명히 루아르산이야"라고 했으며, 세 번째 평가자는 "이 완숙한 플레이버 좀 봐, 반드시 뉴질랜드출신이야, 그렇지, 그렇고 말고."

그들이 묘사한 노트는 모두 같은 와인이었으나 출신지에 대해서는 제각각이었다. 하지만 평가 결과만큼은 모두 최고 점수를 부여했다. 그 와인은 지구 최고의 화이트라고 여겨지는 DRC의 몽트라쉐보다 고평가되었다. 이런 경우 아무리 두꺼운 얼굴의 평가자라고 해도 당황할 수밖에 없을 것이다. 한번 상상해보라. 최고의 화이트를 가리는 자리에서 몽트라쉐가 아닌 다른 와인에 더 높은 점수를 부여한 상황이 어떠했겠는가! 어떤 이들은 이것이 바로 와인의 힘이라고 한다. 블라인드 테이스팅은 종종 전혀 예상하지 못한 결과를 내곤 한다.

그 와인은 스티리아 출신이다. 피곳은 글에서 '어디?'라고 반문하면서 스티리아를 서술해 내려간다. 해당 와인은 테멘트 양조장의 찌렉 포도밭 소비뇽 블랑 1993년 빈티지였다.

2006년에 벌어진 이벤트도 빼놓을 수 없다. 비엔나 와인전시회인 비비눔 기간 동안에 소비뇽 블랑의 블라인드 테이스팅이 준비되었다. 전 세계 27개국 53명의 와인전문가가 초대되어 스티리아, 말보로, 보르도, 루아르, 캘리포니아 등의 최고급 소비뇽 블랑을 가렸다. 최근 빈티지2004, 2005와 올드 빈티지2000~2003 두 분야로 나뉘어 진행된 시음대회에서 스티리아는 두 분야 모두 순위를 차지하는

양조장 테멘트의 소비뇽 블랑

기염을 토했다.

올드 빈티지 분야에서는 10위 안에 무려 일곱 와인이 스티리아 산이었으며, 최근 빈티지 경쟁에서는 10위 안에 다섯 와인이 입상했다. 말보로는 올드 빈티지 시합에서 단 한 개도 10위권에 들지 못했으나, 최근 빈티지 경합에서는 네 와인이 입상했다. 물론 거기엔 클라우디 베이가 7위로 포함되었다. 테멘트 찌렉 2000년 빈티지는 올드 빈티지 부문 5위로 기록되었다.

스티리아 소비뇽의 명성은 월드 소비뇽 대회_{World Sauvignon Congress}가 처음으로 열린 2008년 그라쯔에서 만천하에 고해졌다. 소비뇽 블랑의 고향 루아르가 아닌 스티리아에서, 소비뇽 블랑이란 이름을 만방에 떨친 말보로가 아닌 스티리아에서 말이다. 여러 학술적인 내용들이 발표되고, 품질향상에 대한 전망과 기후변화에 대한 대처 방안들이 모색되는 자리였다.

2009년 스티리아에서 열린 '와인 서밋_{Wine Summit} 2009'에서는 루아르, 말보로, 스티리아 세 지역의 와인에 대한 블라인드 테이스팅이 있었다. 각각 4종류씩 출품된 시음대회에서 빈티지는 모두 2007년이었고, 가격은 10개 와인이 10~20유로, 나머지 2개 와인이 20유로 이상이었다. 가격대를 우리 현실에 맞추어보면 소비자가격 4만 원~8만 원대와 8만 원 이상으로 구분할 수 있다. 이 자리는 등수를 가리는 것보다는 세 지역의 와인 스타일을 체험하는 교육적인 목적이었다.

참가자들이 예상한 대로 말보로는 톡 쏘는 신맛과 과일 향이 풍부했으며, 루아르는 미네랄 향취와 풍부한 질감이 돋보였다. 스티리아는 다채로운 스타일을 보인 가운데 뚜렷한 것은 스타일 자체가 새롭다는 것이다. 이는 말보로보다 미네랄 향취가 강하고, 부드러우며, 루아르보다 과일향이 신선하고 순수한 맛이라고 느꼈다. 시음이 끝나고 또 하나의 와인이 제공되었다. 그것은 테멘트의 찌렉 1997년 빈티지였다. 여전히 활기와 생기가 돌면서 풍부한 향기를 내뿜고 있었다.

와인 전문가들의
평가

일반적인 소비뇽 블랑에 대해 와인전문가들은 어떤 생각을 가지고 있을까? 와인전문가 그래함 홀터 Graham Holter 가 격월간지 〈마이닝거스〉에 기고한 글을 통해 어느 정도 알 수 있다.

"누가 소비뇽 블랑을 마시나? 입심 좋은 사람은 이 질문에 모든 사람들이라고 답할 것이다. 그건 사실이다. 소비뇽 블랑을 달갑지 않게 여기는 순수주의자들도 내키지는 않지만 그렇다고 답한다. 그들은 뉴질랜드에서 나오는 소비뇽 블랑은 단면적이고, 다양성이 결여되어 있다고 평가한다. 하지만 소비자들은 이런 폄하에 별로 관심을 두지 않는다. 와인평론가들을 화나게 하는 소비뇽 블랑이지만, 소비자들은 그 단순하고도 명쾌한 신맛에 열광하고 있다."

일반적인 수준의 소비뇽 블랑은 위의 평가를 모면하기 힘들지만, 소비자들로부터는 간결하고 분명한 맛으로 큰 인기를 끄는 게 사실이다. 로버트 파커Robert Parker는 클라우디 베이 2007을 정확한 소비뇽 블랑이라고 평하면서 89점을 부여했다. 잰시스 로빈슨Jancis Robinson은 소비뇽 블랑은 강한 반응을 얻고 있다면서 그 미묘함을 장점이라고 살짝 드러낸다. "소비뇽 블랑을 애호하는 사람들은 열정을 가지고 그걸 애호하지만, 그 맛의 미세함이 부족하다고 여기는 사람들은 소비뇽 블랑을 비난함에 있어 미세함이 부족한 경향이 있다."

말보로 품질의 전반적인 밋밋함과 스티리아 품질의 개성을 기준 삼아 두 와인 간의 우열을 합리적으로 논리적으로 밝혀내기는 그리 쉽지 않다. 두 와인 산지의 특징을 일반화하면서 비교하는 것은 항상 무리가 따른다. 표본 추출의 신뢰성과 비교 연구의 타당성이 반드시 담보되어야 하기 때문이다. 하지만 이 글에서 최종적인 추천을 목전에 두고 마지막으로 비교해보자면, 말보로 양조장에서는 헥타르당 1만 리터 이상의 와인을 얻지만, 스티리아는 5000~6000 리터 정도 얻을 뿐이다. 단위면적당 말보로의 생산량이 훨씬 많으니 포도 용액의 집중성이 떨어진다고 할 수 있다. 또한 말보로는 기계 수확하지만, 스티리아는 사람이 직접 수확한다. 기계로 수확을 하면 잎사귀, 줄기 등이 포함되지만, 사람이 수확하면 송이만 고를 수 있어 훨씬 순수한 맛을 얻을 수 있다.

나는 특별한 날을 위해
스티리아를 선택한다.

말보로는 상큼한 화이트의 전형이다. 언제 어디서든 쉽게 구할 수 있고 저렴하게 즐길 수 있기에 여름철 일상생활 와인으로 제격이다. 그에 반해 스티리아는 말보로 수준의 와인뿐 아니라 단일 포도밭에서 나오는 테루아 와인들이 많다. 숙성력도 우수하다. 10년 정도는 너끈히 견디는 탄력을 지녔다. 그러니 스티리아는 특별한 날을 위한 화이트이며, 나중을 기약하는 저장용 와인이다. 그래서 나는 집에서 주로 말보로를 마시면서 귀한 손님이 오신다든지 자축할 일이 있을 때에는 스티리아를 흔쾌히 딴다. 나의 선택에 대해 격월간지 〈와인 애드보킷The Wine Advocate〉의 데이비드 쉴드크네흐트David Schildknecht도 동의했다. 그는 이메일 답신을 통해 테멘트의 찌렉 등 최고의 포도밭은 앞으로 전도유망하다는 의견을 피력했다.

무엇을 기다리는가? 일상의 번잡함과 무료함을 한 방에 날려줄 소비뇽 블랑을 추천한다. 우리 시장에는 말보로가 많다. 클라우디 베이모엣헤네시코리아, 6만 원대, 몬타나페르노리카코리아, 3만 2000원, 빌라 마리아신동와인, 3만 원, 포레스트루벵코리아, 6만 원, 킴 크로포드나라식품, 3만 9000원, 배비치롯데아사히, 6만 원 등이 유통된다. 스티리아는 아무래도 찾기 힘들다. 특히 단일 포도밭 와인은 최대 시장 미국에서조차 구하기 어려울 정도로 오스트리아 내수가 많다. 우리 시장에서는 자틀러호프의 크라나흐베르그수입 수미르 와인, 10만 원대가 유통되고 있다.

소비뇽 블랑은 보르도 화이트에서 없어서는 안 될 품종이다. 와인저널리스트 제인 앤슨Jane Anson의 글을 참조하여 보르도의 소비뇽 블랑을 설명하자면 다음과 같다.

오늘날 많은 샤토들이 화이트 와인을 만들지만, 수량은 레드에 비해 턱없이 적다. 수량만 적은 게 아니라, 가격도 저렴하다. 하지만 2등급 샤토 코스데스투르넬은 레드 와인 값과 동일하게 화이트를 만든다.

1963년은 그냥 지나가는 해가 아니었다. 샤를 드골이 대통령이었고, 그는 영국의 EEC 가입을 반대했으며, 마르틴 루터 킹이 알라바마에서 감금되었고, 말에는 케네디가 암살되었다.

보르도에서는 그들 나름의 문제가 있었다. 지난 10년간 아주 형편없는 빈티지 중 하나였고, 많은 양조가들은 1950년의 극심했던 서리 피해로부터 회복하는 중이었으며, 1970년대에 위기상황으로 정점에 오른 금융상의 어려움을 느끼고 있었다.

보급하는 데는 더 큰 문제가 있었다. 1963년 빈티지가 별로였고

샤토는 와인판매에 기회가 별로 없었다. 그때로 돌아가면 생산량
의 60%가 화이트였다. 51%가 드라이고, 8%가 스위트였다. 대부분
의 생산자들은 수확 후 2~3년 이후에 기울어지기 시작했다.

White vs Red

오늘날의 상황은 다르다. 11%만이 화이트다. 그중 25%가 스위
트로서 화이트 비중은 줄어드는 와중에, 상대적으로 스위트는 늘
었다. 이런 변화는 범세계적인 레드 와인에 대한 수요를 의미한다.
또한 레드의 양조상의 진보도 있었으니 보르도는 성공적인 레드로
굳히고 있었다. 페트뤼스, 무통, 라피트와 같은 명성 있고 대표성
있는 와인들은 세계를 대표하는 와인으로 확고하게 자리 잡았다.

드니 뒤보르디외 | "사람들은 화이트 보르도에 대해 거의 얘기하
지 않는다. 그래서 지난 20년간 보르도 화이트 분야에서 이룩한 과
학적 진보는 역설적이다."

어떤 원산지는 항상 화이트를 만든다. '엉트르되메르—상큼하고
빨리 마시는 화이트'를 주로 소비뇽과 뮈스카델르로 만든다. 페삭
레오냥과 그라브는 풍성하고 음식과 잘 어울리며, 세미용과 소비
뇽으로 거의 혼합한다. 페삭은 보르도에서 항상 최고로 평가받으
며 유일하게 레드뿐 아니라 화이트에도 등급이 부여된다. 주요 양
조장 샤토 오브리옹 블랑, 샤토 라빌 오브리옹, 도멘 슈발리에, 샤

토 카르보니외와 같은 곳들은 레드보다도 화이트가 더 비싸다.

베르나르 마그레 | "세미용의 존재는 보르도 화이트를 특별하게 만들고, 소비뇽으로만 만드는 뉴질랜드와 루와르와 다른 와인으로 만들어준다. 보르도 화이트에 복합미를 주는 것은 세미용과 소비뇽의 혼합이다."

최근에 레드만 만들 수 있는 명산지에서 여러 샤토들이 아이콘 화이트를 만들기 시작했다. 비록 보르도 원산지이지만, 가격은 상상을 초월한다. 파비용 블랑 드 샤토 마고, 코스데스투르넬 블랑, 엘 다르장, 린치바쥬 블랑. 생테밀리옹에서도 역시 샤토 파비의 성주 제라르 페르쓰가 몽부스케 블랑을 1999에 시도했고, 이제는 베르나르 마그레가 퐁브라쥬 블랑, 투느뱅이 발랑드로 블랑을 만든다. 여러 소테른 생산자들도 드라이 버전을 한다. 샤토 기로의 G, 샤토 쉬드로의 S, 디켐의 Y.

어떤 화이트는 유서가 깊다. 샤토 마고는 17세기 이후부터 화이트 포도를 재배하며, 파비용 블랑은 1920년 빈티지부터 출시했다. 그건 이례적인 100% 소비뇽 블랑이다.

린치 바쥬는 검은 포도밭 속에 청포도를 같이 심었다. 1980년대 후반까지 식구와 친지들을 위해 양조했고 그러다 1982년 빈티지부터 생업을 목적으로 출시했다. 바통을 이어받은 장 샤를르 까즈는 스타일을 바꾸어 일찍 수확하고, 좀 더 아로마틱하게 하며, 소비뇽에 중점을 두었다. 그래서 배럴 발효를 좀 줄이고, 스테인리스 스틸 탱크에 둠으로써 산도와 신선도를 높이고자 노력한다.

코스데스투르넬의 대표 장 기욤 프라는 루아르 스타일쪽으로 가려고 한다. 비록 세미용을 20% 섞지만. 화이트는 샤토에서 북쪽으로 20킬로 떨어져 아마도 보르도 최북단 화이트일지 모른다.

장 기욤 | "2002년에 레드 와인 '굴레'를 생산하기 위해 28헥타르를 산 후 2003년에 조사한 결과, 2.5헥타르가 석회암에다 강을 향하고 있어서 서늘하다는 사실을 알게 됐다. 그래서 우리는 40년 된 카베르네 소비뇽 뿌리에 소비뇽 블랑과 세미용을 접붙여 심었다. 그리고 신선한 과일을 얻으려고 일찍 수확했다. 우리는 냉장고가 달린 트럭으로 포도를 운송하며, 100% 배럴 발효한다. 하지만 첫해에는 다른 양조장이 그 새것을 쓰고 우리는 두 번째 해에 사용한다."

피에르 뤼통 | 디켐은 꽤 더운 테루아다. 태양에 잘 노출되어 있다. 이걸 잘 활용하려고 포도알들은 보르리티스를 빨리 받는다. 그래서 이국적인 과일 향과 디켐의 특징을 갖는다. 구강에서는 순수함과 신맛이요, 입으로는 단맛과 풍부함을 느낀다.

컬트의 정의는 분분하다.

드니 | "고유의 맛이 있어야 하고, 침이 고이게 하는 생리적인 감동과 숙성한 포도로부터 비롯되는 자연스런 단맛이 있어야 하며, 숙성력이 있어야 한다. 좋은 화이트는 레드보다 만들기 더 힘들다. 이유는 레드보다는 좀 높을 수 있는 밭 면적 수확량이나 더 힘 있고 서늘한 테루아가 아니라, 실수할 여유가 없기 때문이다."

최근에 이룬 발전으로는 포도밭에서 품종의 아로마를 획득하는 데 있어서의 이해, 구역별로, 송이별로, 알별로 수확함으로써 거두는 포도의 숙성에 대한 것이다. 또한 배양효모, 저온발효, 리_{침전물 혹은 효모찌꺼기} 위에서의 숙성 등 셀러 내에서의 기술도 도입되었다.

보르도 화이트는 저수확을 유지할 것이 확실하다. 이유인 즉 그것들이 투기의 대상이 덜 돼서가 아니라, 수량이 적다보니 네고시앙을 통해 팔리기보다는 샤토 자체의 네트워크로 직접 팔려 컬렉터에게로 가기 때문이다.

샤토 올리비에의 올리비에 레브룅 | "화이트 포도를 재배하는 것은 아주 어려운 상업적 결정이다. 왜냐, 와인이 빨리 팔려야 하기 때문이다. 반면에 레드는 둘 수 있다. 저장하면서 가치가 상승한다. 보르도 화이트는 재미나는 호기심 대상일 것 같지만, 주요 이벤트는 아닐 것 같다."

파피용 블랑 드 샤토	100파운드	1만 5000-2만 병	100% 소비뇽
린치 바쥬 블랑	40파운드	1만 8000병	50% 소비뇽, 50% 세미용
Y 디켐	170파운드	8000병	60% 소비뇽, 40% 세미용
파프 클레망 블랑	110파운드	4200병	45% 소비뇽, 45% 세미용, 10% 뮈스카델르
코스데스투르넬 블랑	100-150파운드	3000병	80% 소비뇽, 20% 세미용
	매년 레드 와인과 값을 맞춘다		
라빌 오브리옹	130-250파운드	6000병	80% 세미용, 20% 소비뇽
오브리옹 블랑	200-250파운드	6000병	55% 세미용, 45% 소비뇽
몽부스케 블랑	50파운드	5400상자	66% 소비뇽블랑, 나머지 소비뇽그리
발랑드로 블랑	150파운드	7400병	소비뇽과 세미용 반반
엘 다르장	60파운드	1만 4400병	66% 소비뇽, 33% 세미용

다 섯 번 째 대 결 .

로마네 콩티와 페트뤼스의 공통점은 부르고뉴와 보르도 지역을 대표하는
최고의 와인이란 점과 단일품종으로 양조한다는 점, 그리고 각각 대를 이
은 동일한 가문에 의해 관리된다는 점이다.

로마네 콩티 VS. 페트뤼스

Romanée-Conti vs. Petrus

5. 부르고뉴와 보르도의
100% 품종 대결,
로마네 콩티 VS 페트뤼스
Romanée-Conti vs *Petrus*

세계 와인의 중심지 프랑스에는 전통을 고스란히 간직한 대단한 와인들이 많다. 그 중에서도 '로마네 콩티'와 '페트뤼스'가 최고로 꼽힌다. 부르고뉴와 보르도 지방을 각각 대표하는 이 와인들을 서로 최고라고 주장하는 애호가들이 많다. 난형난제라고나 할까. 피노 누와와 메를로의 참 맛을 각각 드러내는 두 와인은 상이한 품종으로 만들지만 감각적으로 서로 닮았다. 빈티지에 따라 1000만 원을 쉽게 뛰어넘는 페트뤼스, 이미 1000만 원으로는 도저히 살 수 없는 로마네 콩티, 이런 고급와인들의 비밀은 무엇일까? 서로 얼마나 다르고 또 무엇이 비슷할까!

미술 교과서에도 작품이 소개되는 추상 미술가 이우환의 세 자매가 그의 결혼 기념 선물로 바친 '로마네 콩티' 1990년산 한 병. 자녀들은 부모님의 진주혼식을 위해 가진 돈을 몽땅 털었다. 와인 심미주의자이기도 한 이우환 작가는 최상의 와인을 받아들고는 그 정성에 너무 감동한 나머지 그것을 결코 딸 수 없었다고 저서 《시간의 여울》에서 고백했다.

로마네 콩티는 지구에서 가장 열망 받는 와인이다. 누구에게 물어도 오직 하나만을 꼽으라면 서슴없이 로마네 콩티를 꼽는다. 그 맛의 특징은 벨벳, 고혹, 미스터리로 요약된다. 비단결처럼 부드럽고 우아한 질감이 무척이나 매혹적이라서 도대체 이런 맛과 향의 근원은 무엇일까 하는 지적 호기심을 심하게 유발한다.

로마네 콩티는 지역 이름 혹은 마을 이름을 와인 이름으로 삼는 부르고뉴의 평범한 원칙을 따르지 않는다. 대신 포도밭 이름으로 와인 이름을 삼는다. 마을 최고의 와인에만 적용되는 원칙이다. 이걸 와인세계에서는 그랑 크뤼grand cru라고 한다. 때문에 이 와인 라벨에는 마을 이름이 아닌 포도밭 이름이 표시된다. 로마네 콩티, 그것은 바로 포도밭 이름이다.

라 로마네 포도밭과
콩티 왕자

원래 '로마네'라는 포도밭이 있고, 그 남쪽 상당 부분을 콩티란 사람이 사들여 그 구역 이름을 로마네 콩티로 바꾸었다. 그럼 콩티는 누구인가? 누구이기에 자신의 이름을 포도밭에 새길 수 있었던 말인가!

콩티Prince de Conti, 1717-1776는 왕자다. 정확히 프랑스 국왕 루이 15세의 장조카다. 왕자는 아버지가 일찍 사망하고 10살의 나이에 왕자 칭호를 얻어 이후 49년간 왕자로 지냈다. 그 선조의 고향인 콩티-쉬르-셀르Conti-Sur-Selles의 콩티를 따서 왕자 칭호를 붙였다. 즉, 콩티 마을 출신의 왕자인 것이다.

루이 15세의 애첩으로 베르사유를 휘저었던 마담 퐁파두르는 콩티 왕자와 사이가 좋지 않았다. 당시 정치 라이벌이라고나 할까. 절대 권력을 탐한 그녀에게 왕의 장조카는 항상 걸림돌이었고, 왕자에게 그녀는 왕실의 암적 존재나 다름 없었을 것이다. 때문에 왕자가 이 포도밭을 구매할 때도 퐁파두르에게는 철저하게 비밀에 부쳤다. 사사건건 트집 잡는 그녀가 무슨 떼를 쓸지 모를 일이니까. 콩티 왕자는 결국 그녀의 모함으로 베르사유를 떠나게 됐지만, 길이 남을 최고의 와인에는 그의 이름이 붙는 영광을 누리게 됐다.

1760년, 비싼 값9만 2400리브르, 당시 주변 포도밭의 11배에 해당하는 액수을 치른 후 포도밭 문서는 콩티 왕자 소유가 된다. 포도밭 구매의 정황은 미국 음식 평론가 리차드 올네의 저서 《로마네 콩티Romanee-conti》에 상세히 기술되어 있다.

1584년에 심겨진 피노 누와는 콩티 왕자가 밭을 차지했을 때에도 그대로 유지되어 이후 1945 빈티지까지 같은 포도로 양조되어

왔다. 16세기의 포도가 20세기 중반까지 이어져 왔다니 참 놀라운 일이다. 뿌리도 프랑스산, 줄기도 프랑스산으로, 즉 360년 동안 순수 프랑스 토종 피노 누와로 전해내려 왔다.

그러나 현재는 왕자의 와인을 마실 수는 있어도 왕자가 마셨던 당시의 품종을 그대로 마실 수는 없다. 당시에는 피노 누와 외에도 화이트 품종인 피노 블랑 등을 혼합하여 와인을 만들었기 때문이다. 즉, 과거에는 품종 혼합 와인이었고, 오늘날에 이르러 단일품종 와인이 된 것이다. 요즘에야 원산지별로 허용된 품종만을 재배하지만, 원산지 제도가 확립되기 직전까지는 이러한 혼합 농업 방식으로 포도밭을 일구었다. 혼합 농업 mixed agriculture 은 유럽 전통의 작물 재배법 중의 하나로 프랑스뿐 아니라 독일, 오스트리아 등지의 포도밭에서도 널리 성행했다. 이는 밭에 레드용 품종과 화이트용 품종을 같이 재배하고, 같이 수확하며 종국에는 모두 섞어서 발효 과정까지 처리하는 방식이다.

로마네 콩티의
나이는?

1880년대부터 1910년대까지 기승을 부린 필록세라 포도뿌리 흑벌레 영향으로 프랑스 포도밭의 생태계는 근본적인 변화를 겪는다. 이 변화는 유럽 땅에서 도미노처럼 번져온 유럽 포도밭을 쑥대밭으로 만들었다. 손톱의 때보다 작고 질기디질긴 진드기에 유서 깊은 포

로마네 콩티 지하 구석에 있는 올드 빈티지들의 도서관. 여기서 한 병을 꺼내 경매를 부친다면 기록적인 낙찰가가 될 것이 틀림없다. 출처가 확실하고, 저장 상태가 최적이니 와인은 완벽하다. 만약 비이성적인 두 명의 입찰자가 서로 사겠다고 나선다면 아마도 가격은 무한대에 가까워질지도 모른다.

도밭도 맥을 추지 못했다. 결국 필록세라에 내성이 있는 미국산 대목에 프랑스산 줄기를 접붙이는 방법이 유일한 타개책이었다. 오늘날 유럽 포도밭의 99% 이상이 캘리포니아산 대목을 쓰는 이유도 바로 여기에 있다. 그러나 로마네 콩티는 미국산 대목을 탐탁지 않게 여겼다. 대신 포도나무 번식의 방법을 달리해서 상당 기간 동안 피노 누와의 순수성을 지키고자 했다.

로마네 콩티에도 찾아온 필록세라를 과연 극복할 수 있었을까? 와인의 왕이라고 하는 부르고뉴에서도 왕자만이 마셨다는 로마네 콩티는 왕자의 권위로 필록세라를 견뎌왔다. 하지만 이길 수는 없었다. 이 지겹고 독성 강한 진드기를 박멸하려고 매년 이산화황을 밭에 뿌렸으나, 이런 처치도 1945년에 두 손 두 발을 들 수밖에 없었다. 뿌리 파괴에 전매특허를 가진 필록세라에 의해 로마네 콩티도 매년 조금씩 뿌리가 썩어들어갔기 때문이다. 마침내 양조장은 백기를 들었고, 1946년에 나무를 모조리 뽑아버리고 말았다. 그러니 1946년부터 1951년까지는 와인이 생산되지 못했다. 땅 속을 완전히 갈아엎고 이듬해인 1947년에 다시금 포도를 심었다. 이렇게해서 2010년 기준으로 로마네 콩티의 나이는 거의 환갑이 된다.

최초의
거라쥐 와인

오늘날의 밭 면적은 왕자가 살아 있던 시대 그대로다. 1.8헥타르사방 135미터 내외의 면적의 손톱만한 밭에서 매년 평균 약 500상자6000병를 생산한다. 거라쥐 와인창고를 뜻하는 garage에서 온 말로 소량 생산 와인을 일컬음, 컬트 와인숭배의 뜻을 지닌 cult에서 온 말로 이 역시 소량 생산된 고급와인을 일컬음이란 말은 90년대의 프랑스와 미국에서 생긴 신조어이지만, 따지고 보면 로마네 콩티가 이들의 원조가 아닐까 싶다.

로마네 콩티의 생산량은 보르도의 샤토 무통 로쉴드의 1/50에 지나지 않는다. 또한 연평균 5000상자를 병입하는 보르도의 최고가 와인 샤토 페트뤼스의 1/5밖에 되지 않는다. 그래서 로마네 콩티를 최초의 거라쥐 와인, 최상의 컬트 와인이라고도 한다. 생테밀리옹의 발란드로약 1000상자, 라 몽도트약 800상자 혹은 나파 밸리의 스크리밍 이글약 600상자보다 적다.

로마네 콩티의 와인 제조 작업은 수작업 수확, 극심한 가지치기, 여름날의 열매솎기 등을 통한 품질향상이 가장 큰 특징이다.

수확한 피노 누와 송이를 일일이 살펴보는 로마네 콩티의 성주 오베르 드 빌렌느. 그의 눈에 들지 않으면 그랑 크뤼 포도라 하더라도 그 계급을 벗어야 한다.

2007년 6월에 필자가 로마네 콩티를 찾았을 때 포도밭에서 일하는 한 젊은 일꾼을 보았다. 그는 나무 하나하나를 살피며 꽃망울이 터진 송이의 개수를 일일이 세고 있었다. 계절이 가면 그중에 상당 부분은 열매가 익기도 전에 잘려나간다. 남은 송이의 당분이 집중되도록 희생해야 하기 때문이다.

무엇보다도 포도가 좋아야 와인이 좋음을 잘 알고 있다. 양조장에서는 되도록이면 공정에 간섭하지 않고 자연스럽게 와인이 되도록 한다. 자유방임형이라고 할까. 어찌 보면 하는 일이 거의 없을 정도로 내버려두는 것이 가장 까다롭지만 가장 효과 있는 일이라고 믿고 있다.

맛의 비밀은
존재하는가?

로마네 콩티의 양조장은 독특한 양조 방식이 있다. 포도송이에서 포도알을 골라내지 않고 전체를 양조통에 집어넣는다. 그러면 가지에서 비롯되는 타닌을 확보할 수 있다. 로마네 콩티는 품질이 좋지 않은 송이를 골라내기 위해 일찌감치 컨베이어 벨트를 사용한 양조장이다.

양조장에 따라서 혹은 빈티지에 따라서 어떤 경우에는 즉 포도알의 타닌이 충분하다면 가지를 제거하고 알만 골라 발효하기도 한다. 발효 후에는 통 바닥에 침전된 효모찌꺼기를 완전히 제거하지 않고, 한 번 정도만 빼내고 그대로 둔다. 그러면 효모찌꺼기에서 비롯되는 아로마와 힘을 얻을 수 있다.

맑은 와인을 얻기 위해 여과를 행하지는 않지만, 달걀흰자로 정제활동을 실시한다. 또한 오크통을 제작할 때에도 남다르다. 오크 널빤지를 3년 동안 건조하여 절제시키는데 이는 와인에 과도한 오크 향취를 묻히지 않기 위해서다.

로마네 콩티에 쏠리는 관심은 사실 작명 방법 혹은 양조 특징에 있지 않다. 바로 희소한 수량과 가격에 있다. 세계에서 가장 비싼 와인이 로마네 콩티다. 가격이 비싼 이유는 우선 공급을 훨씬 뛰어넘는 수요에 있다.

한때 코스닥에 벤처 열풍이 불었다. 보수적인 투자자조차 코스닥에 발을 담그지 않으면 견딜 수 없었던 시절이다. 어떤 투자자들은 벤처 주식 매입보다는 공모주에 기대를 걸었다. 소규모 회사의 기업 공개에 수조 원이 몰리는 일도 다반사였다. 경쟁률이 수백 대 일에 이르니 고작 몇 주를 받는 경우도 있었다.

로마네 콩티도 마찬가지이다. 매년 수천 병을 병입할 뿐인데, 전 세계 와인 중개상들은 서로 사겠다고 아우성이니 가격이 오르는 것은 당연하다. 경쟁이 치열한 발행시장인 셈이다.

두 번째 이유는 유통시장에서조차 매물을 발견하기 힘들다는 사실이다. 일반적으로 투자 등급 와인을 구매한 애호가들은 일부는 소비하고 일부는 경매장에 내다 팔지만, 로마네 콩티는 그렇지 않다. 소량이다 보니 재판매보다는 직접 음용을 목적으로 한다. 결론적으로 발행시장에서 한껏 부풀어진 가격은 매물 부족이란 매력을 지니고 다시 유통시장에서 천정부지로 상승한다.

대부분의 와인들은 빈티지에 따라 희비가 교차한다. 좋은 빈티지는 맛도 좋다. 가격이 비싸도 그 맛을 보려는 욕구로 인해 인기가 높다. 하지만 빈티지가 좋지 않으면 인기도 같이 시들어진다. 물론 가격도 내린다. 그러나 로마네 콩티는 예외다. 중력을 타지 않는 물건이 있을 리 만무하지만, 로마네 콩티만큼은 전혀 새로운 세상에 사는 존재 같다.

이런 귀하고도 귀한 로마네 콩티가 30년 정도 잘 익으면 일본에서는 '신주'라고 표현하며 이 세상 최고의 와인으로 인정한다. 신주라…. 얼마나 귀하면, 또 얼마나 대단하면 그 말을 쓴단 말인가.

로마네 콩티를 만나는
유일한 방법

일반인이 로마네 콩티를 만나는 유일한 방법은 경매장에 가는 것이다.

2006년 맨해튼에서의 일이다. 1999 빈티지 36병에 해당하는 다양한 용기에 담긴 구성이 출품되었다. 낙찰가는 21만 1500달러. 병당 대략 600만 원에 달한다. 하지만 국내의 상황은 사뭇 다르다. 2005년 조선호텔에서 행한 아트옥션 와인경매에서 로마네 콩티

1999년산 1병이 출품되었다. 350만 원부터 입찰을 받았다. 주위가 좀 소란해지면서 가격이 비싸다는 말이 들리기도 했다. 지금으로 보면 말도 안 되는 낮은(?) 가격이다. 로마네 콩티 한 병이 그것도 세기의 빈티지라 할 만한 게 고작 350만 원이라니 정말 놀랄 일이 아닐 수 없었다. 불과 3년 전인데도 완전히 다른 세계였던 것 같다.

그러나 경매에 임한 응찰자들은 이런 사실을 잘 몰랐던 것 같다. 입찰 경쟁은 시시했고, 결국 로마네 콩티는 370만 원에 중년의 신사 품으로 날아갔다.

이 값은 맨해튼 와인경매 결과의 절반에도 못 미치는 아주 저렴한 값이다. 와인정보가 비대칭적인 서울에서 가끔 있는 이런 해프닝은 얼리-어댑터인 애호가들에게는 횡재로 작용한다.

2004년까지만 해도 서울에서 로마네 콩티 구하기란 그리 힘든 일이 아니었다. 물론 돈만 있다면. 그러나 이제 돈이 있다고 해도 구할 수 없다. 선견지명이 있는 애호가들로 이미 예약자 명단이 꽉 찼다. 대기자 명단도 아주 길다고 소문났다. 예약자들은 로마네 콩티 한 병을 얻기 위해 다른 종류의 와인 11병을 부담 없이 함께 구입한다. 즉 한 병을 사려면 한 상자를 사야 한다. 물론 그 상자에 로마네 콩티는 단 한 병밖에 없지만.

포도밭의 구분이 그리 분명하지 않은 부르고뉴에서 로마네 콩티 찾기는 식은 죽 먹기. 본-로마네 마을 뒷산으로 이어지는 경사진 길을 조금만 걸으면 십자가를 만난다. 높이 솟아올라 멀리서도 쉽

멀리서도 이 십자가가 보이면 여행자는 안도한다. 마치 포도밭의 북극성 역할을 하는 것 같다. 돌 십자가에서 무슨 자력이라도 뻗쳐서일까, 십자가 주변에는 항상 와인 여행자들이 있다. 그 십자가 그늘 아래에서 안식을 찾는 것인지는 몰라도, 일꾼을 제외하면 인적이 드문 부르고뉴 포도밭에서 유일하게 사람 그림자가 지는 곳이다.

게 보인다. 그 십자가 왼편이 로마네 콩티다.

여행자는 그 길을 놓칠 수가 없다. 날이 흐려도 비가 내려도 그 근처엔 항상 여행자들이 몰려 있기 때문이다. 십자가 주변에 서서 포도밭을 뚫어져라 쳐다보는 각양각색의 여행자들은 자유복장으로 길을 떠난 순례자 같다. 그들은 성지에 온 양 조용히 속삭이며 예순을 바라보는 나무와 땅만 마냥 바라보고 있다.

보르도의 제왕,
페트뤼스

프랑스 와인의 양대 산맥 부르고뉴와 보르도는 각기 다른 역사와 전통에 기반을 둔 특징적인 와인을 많이 보유하고 있다.

로마네 콩티가 부르고뉴를 대표한다면 페트뤼스는 보르도를 대표한다. 영국 엘리자베스 여왕 혼사에 등장해 갈채를 받은 페트뤼스는 케네디 가문의 행사에도 자주 쓰여 대서양을 넘나들며 큰 사랑을 받고 있다. 사실 페트뤼스는 1945년 이전까지 유서 깊은 보르도에서 역사나 전통이 전혀 받쳐주지 않는 무명 샤토였으나 완벽주의를 추구하는 양조장 관리인에 의해 이제는 보르도에서 최고로 빛나는 보석 같은 존재, 오늘날 성대한 잔치의 주인공 와인이 되었다.

특히 1945년에 생산된 페트뤼스는 와인 평론가 '로버트 파커'가 98점을 준 와인으로 가치 및 희소성이 더욱 높다. 한번 생각해보라. 65년이 지난 와인인데도 98점의 맛이라니. 그 숙성력과 향기

그리고 질감은 갓 양조한 것에 비할 바가 못 된다.

흥미롭게도 페트뤼스는 보르도 와인이지만 보르도답지 않다. 즉 여느 보르도 와인처럼 여러 품종을 혼합해 만드는 전통적인 양조 방법을 쓰지 않고, 부르고뉴처럼 단일품종으로 와인을 만든다. 페트뤼스는 보르도 양조 특성을 따르지 않으면서도 보르도를 대표하는 역설적인 와인이다.

메를로만으로 양조했는데도 어찌 그리 와인이 힘찬지 마시는 사람마다 놀란다. 특히 빈티지가 좋은 경우의 페트뤼스는 수십 년 이상을 숙성하면서 올곧은 질감 속에 감추어진 단단한 속을 드러내며 애호가들의 마음을 흔들어댄다.

길을 나서 샤토 페트뤼스를 찾는 것은 그리 어려운 일이 아니다. 보르도의 젖줄기 지롱드 강의 오른편에 자리 잡은 마을인 포므롤에서 비교적 쉽게 눈에 띈다. 흰색 바탕의 건축물인데다, 멀리서도 알아볼 수 있을 만큼 이름을 크게 새겼기 때문이다. 강 오른편 출신이란 뜻을 지닌 무엑스Moueix를 성姓으로 쓰는 일가가 현재 페트뤼스를 경영하고 있다. 보르도에서 가장 작은 규모의 원산지인 포므롤은 바로 이 페트뤼스 때문에 결코 무시할 수 없는 '작은 거인'이다.

이곳 주인인 장 피에르 무엑스는 부지런한 세일즈맨이었다. 페트뤼스를 실은 수레를 끌고 이 마을 저 마을, 더 멀리는 보르도 구석구석을 누비며 와인을 팔았다. 무엑스는 성실함과 완벽한 품질을 추구한 덕분에 훗날 샤토의 지분을 거머쥐었다. 무엑스가 세상

미끈하고 단정하게 조성된 페트뤼스 양조장 건물은 도로 옆에 있어 금방 눈에 뜨인다.

을 뜨고는 페트뤼스의 생산과 유통은 두 아들이 맡았다. 전 세계를 돌면서 페트뤼스의 이름을 알리고 있는 크리스티앙은 유통을 맡고 있다. 최근에는 크리스티앙의 아들 에두아르가 목소리를 높이고 있다. 로마네 콩티 가족은 한국에 한 번도 오지 않았지만 페트뤼스 가족은 여러 차례 방한했다. 하지만 최근에 무엑스 가문은 재산정리를 통해 페트뤼스를 크리스티앙의 형인 장-프랑소아 무엑스가 책임진다고 발표했다. 크리스티앙은 와인 판매법인을 맡고, 장-프랑소아는 페트뤼스를 경영한다.

페트뤼스는 영어 피터 Peter 에 해당하는데, 성경에 나오는 베드로와 같은 이름이다. 예수의 열두 제자 가운데 수제자로 꼽히는 베드로가 이 와인의 라벨에서 오른손으로 열쇠를 쥐고 있다. 그 열쇠는 천국의 열쇠를 상징한다. 노란 바탕에 붉은 글씨로 쓰인 페트뤼스는 그 안에 최고 와인의 비밀이 담겨 있다는 메시지로 읽힌다.

페트뤼스의 비밀은 기실 포도밭에 있다. 마을 대부분이 자갈이나 모래토양인 데 반해, 페트뤼스는 진흙으로 된 표토층이 특징이며, 그 아래에 자갈토양이 자리 잡고 있다. 또 그 아래에는 철분이 풍부한 토양층이 형성되어 있어 총체적으로 배수에 능한 구조다. 이는 포도밭 중앙 쪽으로 기울어져 있기 때문에 비가 내려도 배수가 잘 돼 꼭 단춧구멍 같다고들 한다. 철분 함유량이 높은 토양이라 색이 검어 자갈과 모래가 표면을 이룬 인근 포도밭과 구별된다.

사랑하지
않을 수 없는 와인

페트뤼스 포도밭도 유서 깊다. 어떤 카베르네 프랑의 수령은 80년이 넘는다. 1956년 포므롤을 휩쓴 냉해로 많은 포도밭에서 포도나무가 뽑혀나갔지만, 페트뤼스 포도밭에서는 추위를 이겨낸 나무들을 남겨두었다. 이것이 오늘날 깊게 뿌리박은 포도나무의 맛을 잉태했다. 포도밭 면적은 10.9헥타르인데, 이는 로마네 콩티의 5배에 해당한다. 부르고뉴 기준으로는 넓을지 몰라도, 보르도에서는 아담한 양조장이다.

포도밭의 95% 면적에는 메를로가 자라고 있고, 나머지는 카베르네 프랑이 자란다. 그러나 카베르네 프랑은 1960년대 이후 양조에 잘 쓰이지 않는다. 포도나무가 기력이 쇠하면 나무 대 나무로 교체하는 방식이 있고, 일정 구역의 힘 빠진 나무를 모두 한꺼번에 바꾸는 방식이 있는데, 페트뤼스에서는 후자를 택하고 있다.

페트뤼스 양조장의 특징을 한마디로 정의하자면 완벽주의일 것이다. 면적당 수확량이 적어 여느 양조장의 절반에도 못 미친다. 튼실한 포도알을 얻기 위해 미리 송이 크기를 제한하는 방법으로 여름에 포도가 여물기 전에 송이의 일부를 잘라내며, 가을에 익어가는 동안에도 부지런히 포도밭을 오가며 송이 크기를 살핀다. 빈티지가 좋은 경우라면 좀 다르지만, 빈티지가 좋지 않다면 소출 제한은 품질 확보의 유일한 방법이라고 믿기 때문이다.

포도가 골고루 다 잘 익지 못하는 결과를 빈티지가 좋지 않다고 말한다. 빈티지가 좋지 못할 때 생산량은 줄어든다. 잘 익은 걸로만 골라야 하기 때문이다. 2002년이 그랬다. 일조량이 충분하지 못해 품질이 좀 떨어졌다. 빈티지가 좋으면 5만 병 정도를 생산하는데 그해에는 2만 병 정도밖에 병에 담지 못했다. 포도의 품질이 극히 나빴던 1991년에는 아예 페트뤼스를 생산하지 않았다. 포도품질에 대한 완벽주의의 한 예다.

페트뤼스는 단번에 확 사로잡는 입맛이 단연 일품이다. 영화 '머큐리'에서 주인공 브루스 윌리스가 페트뤼스 병을 들고 나발을 불며 마시는 장면이 나오는데, 그 역시 확실하고 강력한 입맛을 잘 표현한 것 아닐까. 단단한 타닌의 구조가 어찌 그리 강한지 모르겠다. 아주 남성적이며 힘찬 기상이 느껴진다. 하지만 향기 속에 감춰진 묘한 나무냄새는 페트뤼스만의 개성이라 하겠다.

로마네 콩티 1969, 로마네 콩티 1999, 로마네 콩티 2002

이런 방향은 로마네 콩티에서도 풍긴다. 나무가 빽빽하게 들어찬 삼림에 들어섰을 때 나는 나무냄새 같은 식물성 향기가 있다. 그것이 강하지는 않아 청초하고 우아한 동양란을 연상하게 만든다. 순결하고 단아한, 자연스러운 향내는 100% 순종만이 잉태할 수 있는 성질. 어찌 사랑하지 않을 수 있을까!

로마네 콩티와 페트뤼스의 공통점은 각각 지역을 대표하는 최고가 와인이란 점과 단일품종으로 양조한다는 점, 그리고 동일한 가문에 의해 관리된다는 점이다. 와인은 테루아가 좋아야 하고, 빈티지의 축복을 누려야 하지만, 이보다 더 중요한 인자는 바로 사람이다.

두 양조장의 가장 본질적인 양조업무가 같은 집안의 대물림을 통해 관리되는 사실은 중요하다. 로마네 콩티의 양조장은 베르나르 노블레가 맡고 있다. 그는 그의 아버지로부터 바톤을 이어받아

페트뤼스 1982, 페트뤼스 1988, 페트뤼스 1995

대를 이어 양조장을 돌본다. 페트뤼스도 마찬가지다. 장 클로드 베루에의 아들 올리비에가 최근에 아버지를 이어 페트뤼스 양조책임자로 부임하였다.

　　와인 전문가의 세계에서도 로마네 콩티를 방문하는 것은 흔하지 않은 일이다. 나의 양조장 방문 얘기를 들은 유럽의 와인저널리스트들은 대부분 어떻게 방문하게 되었느냐, 누가 연결시켰느냐, 로마네 콩티를 맛보았느냐, 도대체 어떤 맛이냐 등 물음 보따리가 꼬리에 꼬리를 물었다.

　　부르고뉴의 명품 양조장은 2월에 방문하는 게 좋다. 양조장에 있는 통마다 전년에 담근 와인들이 가득 들어 있어, 통을 차례로 돌면서 한 모금씩 맛볼 수 있다. 하지만 봄이 되면 병입 처리를 하기 때문에 시음하기 힘들다. 왜냐하면 부르고뉴 와인 생산자들은 같은 포도라도 밭에 따라서 다른 와인으로 분류하기 때문에 한 양조장에 적게는 열 가지, 많으면 스무 가지 이상의 와인을 만든다. 그러니 각각의 와인 수량은 보통 기일 백 병에서 기일 천 병 밖에 되지 않는다. 전 세계에서 찾아드는 와인저널리스트들에게 병입된 와인을 시음하게 해서는 와인이 남아나질 않는 것이다.

　　로마네 콩티에 대해서 얘기하는 사람들이 참 많다. '피노 누와 100%로 만든 것이다' '그랑 크뤼 포도밭이다' '약 6000병 정도밖에 만들지 않는다' '제일 비싸다' '비오디나미 방식으로 포도밭을 가꾼다' 등. 하지만 그들은 애석하게도 맛에 대해서는 모른다. 맛을 보지 않았으나 그 밭에 가보는 일은 쉽고, 그 와인의 정보를 얻기는 쉬운 세상이다.

지구상 최고의 와인 맛을 찾는 여행은 이런 특별한 혜택을 느끼는 일이다. 그러니 설레는 마음으로 본 로마네 마을에 당도했다고 한다면 어느 누구도 놀라지 않을 것이다. 하지만 그 양조장 앞에 서면 놀랄 것이다. 평범한 외양, 보통 양조장과 같은 모양을 하고 있기 때문이다. 빨간 철문이 있고, 그 왼편 돌벽에 작은 초인종을 누르면 주식회사 로마네 콩티와 연결된다.

그 회사는 두 채의 건물에서 일을 본다. 빨간 철문이 열리는 건물은 사무실과 병입된 와인 숙성 저장실을 겸하고, 가까운 거리에 있는 건물에서는 양조작업을 실행하고 오크통 숙성을 행한다. 두 번째 건물이 양조장이라고 봐도 된다. 그러니 로마네 콩티 탐방 순서는 포도밭-사무실-양조장-사무실로 구성된다.

사무실 역시 평범한 범주에 머물러 있다. 사실 로마네 콩티의 대부분이 평범하다. 건물이며, 건물 내부의 사무실이며, 오너의 옷맵시나 태도, 포도밭, 그 밭의 흙, 이 모두가 주변과 별로 다르지 않다. 하지만 그 흙 아래에 깔린 토양의 하부 구조가 특별하다. 그래서 맛이 특별해지는 것이다. 방문객들은 지천으로 널린 평범함도 놓치지 않으려 애를 쓰겠지만, 시간이 지나면 모두가 잊는다는 것을 모르지는 않겠지. 구석구석 눈여겨 봐둔 그 어떠한 것도 생각이

나지 않고 기억이 가물가물 하지만, 여전히 남아 있는 것은 로마네 콩티의 맑은 아로마.

미국 출장 중이었던 오너 오베르 드 빌렌느_{Aubert de Villaine, 1939년생}가 이메일에 밝힌 바대로, 양조장 안내는 베르나르가 맡았다. 그는 샤토 오브리옹의 양조책임자 부자가 그랬던 것처럼 대를 이어 같은 양조장에서 일하고 있었다.

오너의 성격과 태도 역시 평범하다. 잡지 〈디캔터〉가 2010 '올해의 인물'로 그를 선정하려 했을 때 그가 거절하면 어떻게 하나 무척 고심했다고 할 정도로 오베르는 겸손하다. 자신을 그저 '로마네 콩티 한 시대의 책임을 맡은 청지기'라 여기는 그는 포도밭을 귀중히 여겨 화학약품이나 현대적 조치법들을 마다하고 재래식으로 가꾼다. 그래야 다음 세대의 청지기에게 무사히 인계할 수 있을 거라 믿기 때문이다.

음력 달력을 기준하여 밭을 돌보는 비오디나미 농법을 오래 전부터 시행하고 있어도 그 농법으로 만들었다는 홍보나 마케팅은 무의미하다고 여기는 것 같다. 실질적으로 지력 유지가 목적이지 그 외에는 관심이 없는 것이다.

양조장 지하에는 무수한 오크통이 배열되어 있다. 긴 파이프를 쥔 베르나르를 따라 들어간 지하는 다른 양조장의 지하와 다른 점이 하나도 없었지만 곧 맛볼 와인 이름을 떠올리니 금세 가슴이 두근거렸다. 시음하는 중에 여러 번 이런 생각을 막기 힘들었다. '와, 그렇다면 이게 한 잔에 얼마씩일까, 이 모든 걸 다 마신 다음에는 내가 과연 얼마 어치의 와인을 맛본 것인가?

　모두 2008년 빈티지를 제공받았다. 2009는 알코올 발효가 끝나고 유산 발효를 준비하는 계절이라서 시음 기회가 없었다. 2007년 빈티지는 이미 병입돼서 시음하기 어려웠다. 여유가 많다면 전문점에서 사서 맛볼 수야 있을 테지만.

　와인시음 순서는 크리셴도가 보통이다. 처음보다는 나중이 더 강하고 더 센 맛이 나게 배열한다. 로마네 콩티 양조장에서도 그랬다. 맨 처음 맛본 와인 뒤보 블로쉐Duvault-Blochet는 이곳에서 만드는 유일한 프레미어 크뤼 와인이다.

　뒤보 블로쉐는 1869년에 로마네 콩티를 사들였던 사람으로 그의 직계 후손이 오베르이다. 색깔이 아주 분홍색이랄까, 맑고 단아한 느낌의 질감이다. 이런 와인은 블라인드 테이스팅에서는 인기 끌기가 쉽지 않다. 보통 진한 색에다 강렬한 타닌이 조직화되어야 고점을 받기 때문이다.

　다음으로 마련된 와인은 에쉐조Echezeaux. 이제부터는 그랑 크뤼. 즉 포도밭 이름으로 와인을 호칭하는 부르고뉴 최고 등급의 와인이다. 지하 셀러인데도 기온이 12도 되는 제법 차가운 상태에서도 본 로마네 특유의 농염함이 느껴지다니…. 아주 매력적인 향기와 입맛이다.

　두 번째 그랑 크뤼는 그랑 에쉐조Grands Echezeaux인데, 왜 에쉐조에 '위대한'이란 뜻의 그랑을 붙였는지 이해가 된다. 에쉐조보다 진한 색깔에다 더 빨리 치고 오르는 체리와 딸기향기, 곱게 밀려드는 타

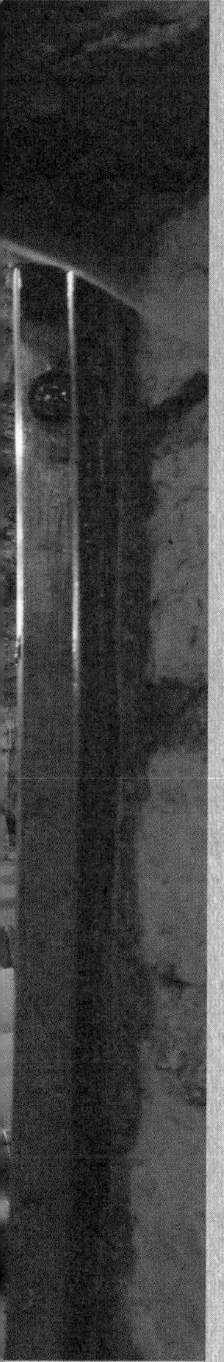

'자, 딱 하룻밤이다. 내일 정오에 문을 열 테니 그동안 마음껏 마셔!' 가끔씩 이런 꿈을 꾼다. 오베르 드 빌렌느가 나를 로마네 콩티 양조장에 가두는 꿈. 여러분들은 어떤가, 나와 함께 하려는가?

로마네 콩티 2008을 한 모금 맛본 후에 그 통 위에다 잔을 올려놓고 잠시 생각에 잠기는 사이, 셀러 마스터 베르나르는 바닥에서 돌을 한 줌 쥐어 그 통 위에 올려 놓는다. 방문객이 돌아간 다음에는 아마도 부하 직원이 그 통의 눈금을 다시 채울 것이다. 통의 수위가 내려간 상태를 오래 방치하면 코를 찌르는 냄새가 와인에 장기간 잠복해 있다가 병을 개봉한 날 글라스에서 갑자기 회생하여 시음자의 관능을 짓밟아버릴 수 있기 때문이다.

닌, 그리고 농염함을 갖추었기 때문이다.

다음은 로마네 생 비방Romanee St-Vivant. 먼저 시음한 와인 둘에서 느낀 단맛의 담백한 맛이 아니라 약간 쓰면서 억센 맛이 났다.

이제 리슈부르Richebourg 차례. 베르나르는 2008은 병충해가 많았다고 한다. 오이디움과 보트리티스가 많아 농사짓기 힘들었다고 말했지만, 이 와인에선 아주 맑은 향기가 났다. 정연한 질감과 순수한 향내. 밭에 흘린 굵은 땀방울이 와인의 거칠고 둔한 막을 걷어내어 이토록 맑은 기운이 퍼지게 한 것일까? 아, 이런 와인만 마시고 살 수 있다면….

이제 라타슈La Tache 차례. 아주 단 과일향기, 좀 더 진한 색깔, 농염하고 강렬한 향, 장미, 체리, 지나치거나 과장되지 않은 단내, 블루베리, 두꺼운 질감, 강한 구조에 오래 입안에 남는 여운. 평론가들 중에는 이 라타슈를 최고로 치는 사람도 많다.

우선 로마네 콩티보다 분명하게 느껴지는 구조가 힘차고, 과일의 뉘앙스와 아로마가 더 싱그럽다. 수량도 몇 배 더 많으니 많은 이들이 즐길 수 있다는 점도 고려될 수 있겠다. 하지만 시음자들은 마지막까지 기다리는 인내를 결코 포기하지 않는다.

드디어 로마네 콩티 시음 차례다. 베르나르는 시음이 끝난 통에는 어김없이 바닥에서 주운 돌 부스러기를 통에 올려 두어 다른 통과 구분하였다. 로마네 콩티에 와서는 다시 색깔이 연해졌다. 라타슈에서 가장 진한 루비 빛을 확인했는데, 로마네 콩티는 분홍 기미가 느껴지는 투명하고 여린 빛깔이었다. 향기는 전형적인 피노 누와의 여러 과일 향내가 느껴졌지만 뭔가 새로운 향기도 있었다. 아득히 먼 태곳적 깊은 숲에서 풍기는 젖은 풀 냄새, 나무 냄새 같은 식물의 원초적인 수액이랄까. 이 생기 어린 아로마는 2006, 2004, 1997의 로마네 콩티를 마셨을 때에도 맡아진 그런 향기다.

지금 맛보는 2008에서 과거에 느꼈던 주된 향취가 활동사진처럼 떠오른 것에 대해 감사하지 않을 수 없었다. 그리고 그 익숙함에 뿌듯해 하면서 입안에 넣어본다. 말로 표현하면 할수록 묘사의 한계를 느끼지만 어떤 끈끈하면서도 다소 바스락거리는 질감, 어찌 보면 모순적인 그런 복합성 같은 입맛이 상쾌하고도 유쾌하게 입안을 진동시킨다.

'나 지금 로마네 콩티 마신다'라는 생각이 실체적 맛보다 더 큰 만족감을 주는 게 아니냐고 묻는다면 차마 부인하기 어렵다고 말하고 싶다. 시음하며 질문하며 대답을 들으며 사진을 찍는 동안에 베르나르가 시음했던 와인 잔에 남은 와인을 어떻게 처리했는지 가물가물했는데, 로마네 콩티 잔은 천천히 기울이더니 다 마셔버렸다. 아마도 그 전에는 향기만 맡고 도로 통에 넣었던 것 같은데, 이 와인은 입으로 가져간 것이다. 여섯 가지의 피노 누와는 살짝 삼켜보기도 했지만 입안에서 굴려보고 대부분 도로 다 뱉었다. 하지만 포르테시모로 연주되는 부분인 로마네 콩티에 와서는 수차례 나누어 다 삼켰다. 아주 순하고 맑아서 와인이라기보다는 원시림 속에 든 옹달샘 같은 고운 물맛 같기도 했다.

왕자가 애호한 로마네 콩티를 왜 여성 명사 취급해서 '라 로마네 콩티'라고 했는지 마셔보면 안다. 색에서 알 수 있고, 퍼지는 꽃향기, 엘레강스하고 부드러운 질감, 그리고 피네스가 있기 때문이다.

오크통 11개에 나눠진 로마네 콩티 2008은 약 3300병 생산될 것이다. 병충해가 많은 해에는 열매솎기도 많이 하고, 발효 직전 포도알 선별작업 때에도 엄격하게 솎기 때문에 생산량이 감소한다. 2005년이나 1999년 같은 좋은 해에는 약 6000병 정도 만들었다.

잔뜩 고무된 표정과 상기된 얼굴로 가방을 챙기는 나를 베르나르가 '지금 뭐 하느냐'는 표정으로 사무실 건물로 돌아가자고 제안했다. 그러면서 그동안 통 와인을 시음했으니, 이제는 병 와인을 시음한다고 했다. 사무실 건물 지하 맨 구석에는 둥그렇게 서서 시음할 수 있는 탁자가 있었고, 그 위에 라벨 대신 먼지가 묻어 있는 병 하나가 있었다. 베르나르는 힌트 없이 같이 시음했다. 농익은 버섯이나 게임_{사냥고기 즉 비둘기나 토끼 혹은 사슴 등}의 부케였다. 그게 맨 먼저 코끝에 달라붙었다. 색은 이 곳에서 처음으로 보는 불투명하면서 진한 빛깔이었다. 곧 진한 딸기향기가 올라오고, 장미꽃잎 향이 났다. 본 로마네 특유의 화려하고 농염한 느낌, 탄탄한 질감, 입안에서 긴장된 타닌의 기운이 마지막 언저리에서 슬며시 여리게 변모하는 순간, 아 이건 제대로 익었구나. 매끄럽게 아주 매끄럽게 넘어가는 비단 같은 탄력. 10년 내외의 와인이란 것밖에는, 로마네 콩티나라 타슈는 아니겠다는 것밖에는 더 떠오른 게 없었는데, 베르나르는 그게 '에쉐조'라고 했다. 참 잘 익었다면서 아주 좋은 빈티지라고 했다.

농염하여 너무나 고혹적이었던 순간이라 말하리라. 오래도록 기억에 남을 그리고 오랫동안 경매 시장을 달굴 1999 빈티지는 로마네 콩티 양조장의 가장 낮은 그랑 크뤼 에쉐조에서도 생생하게 증거되고 있었다. 마치 찰진 질감 속을 미니 대패로 한풀한풀 벗겨가는 느낌이 들면서 세차게 풍겨 나오는 아로마는 농밀하였으며 아주 농염하였다.

다음 방문지로 이동하는 내내 에쉐조, 아니 1999 에쉐조의 부케는 코끝에 맴돌았고, 지금까지도 뇌리 속에서 붕붕거린다.

맛의 비밀을 찾아다니다 보면 로마네 콩티 양조장의 경험처럼 잊지 못할 시음의 추억이 생기게 마련이다. 이런 기회는 와인저널리스트로서 가장 행복한 순간이며 더욱 정진하게 만드는 기운이라 여겨 풀었던 짐을 다시 싸는 것이다. 더 많은 와인 여행자가 나타나길 바라며…

비욘디 산티가 브루넬로 품종을 통해 이탈리아에도 프랑스 못지않게 숙
성력이 뛰어난 와인을 만들 수 있다는 사실을 증명해보였다. 그리고 그 브
루넬로를 최고급 반열로 잉태한 이는 솔데라다.

비욘디 산티 VS. 솔데라

Biondi Santi vs. Soldera

6. 최고의 브루넬로는 누구?
비욘디 산티 VS. 솔데라
Biondi Santi vs *Soldera*

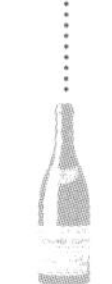

프랑스 와인의 명품화 과정을 인근에서 지켜보고 있는 이탈리아 양조장들은 마음이 무겁다. 와인의 원조로 따지자면 프랑스보다 앞선 이탈리아건만, 와인의 종주국이니 최고급와인이니 하는 미사여구는 온통 프랑스 차지이기 때문이다.

프랑스에 보르도와 부르고뉴가 있다면, 이탈리아에는 토스카나와 피에몬테가 있다. 토스카나에는 명주 브루넬로 디 몬탈치노가 있다. 몬탈치노는 작고 천한 고장에 불과했지만, 한 가문의 필사적인 육종과 재배 그리고 남다른 양조 정성으로 애호가들에게 꼭 들러야 하는 행선지가 되었다.

이탈리아 와인의 원산지 규정은 프랑스1932년에 확정보다 수십 년이나 늦은 1963년에 제정됐다. 성문법이 잘 짜여 있기로 이름난 나라라서 그런지 규정 체계를 마련하는 데도 무수한 세월이 걸렸다. 하지만 로마의 후예 이탈리아는 저력을 발휘한다.

1980년에 드디어 국가에서 마련한 최고의 등급으로 맨 처음 오른 게 있으니 그게 바로 브루넬로 디 몬탈치노이다. 애호가들이 잘 알고 있는 비노 노빌레 디 몬테풀치아노, 바롤로, 바르바레스코와 더불어.

마을 최고의 와인
브루넬로 디 몬탈치노

"토니 블레어, 우디 앨런, 마돈나, 블라디미르 푸틴" 차분히 또박또박 발음하지만 잔뜩 고무된 마음을 숨기지 못하는 사회자는 이 모든 이름들이 다 '브루넬로 디 몬탈치노'를 애호하는 사람들이라고 발표했다. 그런 다음 런던의 유명 레스토랑 '로칸다 로카텔리'가 2010년 '올해의 황금 월계관'의 주인공이라고 하자, 수상자와 시상자들이 좁은 무대를 가득 채웠다. 지난 18년간 이어져온 이 행사는 매년 2월이면 어김없이 몬탈치노에서 벌어진다.

매년 벌어지는 이 와인품평회는 해당 빈티지가 5년차 되는 해에 출시되는 행사로 2011년 2월에는 2006년 브루넬로 디 몬탈치노 수백 종류들이 출품된다. 참가한 기자들은 어떤 와인이 얼마나 더 맛있는지 평가하는데 100점 만점 점수로 할 수도 있고, 별의 개수로 우열을 가릴 수도 있다. 한편 참가한 상인들은 어떤 와인을 얼마에

몬탈치노 마을 꼭대기에 위치한 성에서는 매년 2월에 브루넬로의 맛 자랑 대회가 열린다.

매입하면 돈을 벌 수 있을까 궁리하는 현장이다.

브루넬로 디 몬탈치노Brunello di Montalcino, 이하 '브루넬로' 는 무엇인가? 애호가라면 숨도 쉬지 않고 단숨에 발음할 수 있지만, 보통은 외우기 힘든 긴 이름의 와인으로 '몬탈치노 마을의 브루넬로 포도로 만든 와인' 이란 뜻이다. 브루넬로는 토스카나의 대표 품종 산지오베제의 사투리 격으로 몬탈치노 마을에서 보편적으로 재배하는 산지

오베제의 클론을 칭한다.

브루넬로는 DOCG등급의 레드 와인으로 오래도록 숙성을 거친 후에 출시되는 대표적인 이탈리아 고급와인이다. 2010년 2월 몬탈치노에서 첫 선을 보인 브루넬로 디 몬탈치노의 빈티지는 2005. 그러니 5년이 지나야 등장한다. 같은 품종으로 만들지만 키얀티 클라시코나 비노 노빌레 디 몬테풀치아노보다 더 강건하며, 무겁고 깊은 맛을 주므로 애호가들이 아끼는 와인이다.

몬탈치노의 어원은 '참나무 숲이 울창한 산' 이다. 해발 564미터 꼭대기에 있는 성은 1361년에 축조되었고, 성 주변에 형성된 촌락은 이곳이 전형적인 토스카나의 산성 마을임을 말해준다. 몬테풀치아노와 마찬가지로 에트루리아 유적들이 군데군데 남아 있다. 멀리서 마을을 바라보면 동네 전체가 마치 돌로 된 성냥갑처럼 다닥다닥 붙어 있는데, 고고학 전공자라면 그 중에 로마시대 이전의 유물도 발견할 것이다.

깊이 잠들어 있는 산성 고도 몬탈치노, 수백 년 된 예배당과 프레스코 예술품, 그리고 이천 년 이상 묵은 돌무덤이 누워 있는 고요한 마을 몬탈치노에서도 금요일 밤이 되면 주민들이 깨어난다. 화려하게 기지개를 켜며 중심가로 모여든다.

브루넬로 디 몬탈치노는 오늘날 프랑스의 포이약이나 생테밀리옹처럼 단위 마을에서 생산되는 마을 최고의 와인으로 기능한다. 하지만 그 이름이 단순히 마을 범주에만 머무르지 않고, 크게 외연하여 이탈리아 고급와인의 대명사가 되었다.

그 기틀을 마련한 이가 있는데, 그는 힘써 가꾸고 애써 만들어 생명력이 탁월한 장기 숙성형 와인을 만드느라 온 생을 바쳤다. 종래의 이탈리아 와인은 맛있고 감미롭지만, 몇 년 지나면 별로라는 게 일반적인 평이었다. 하지만 그는 브루넬로 품종을 통해 이탈리아도 프랑스 못지않게 숙성력이 뛰어난 와인

을 만들 수 있다는 사실을 증명해 보였다. 그 가문이 바로 비욘디 산티다.

한편 비욘디 산티가 브루넬로를 창조했다면, 그 브루넬로를 최고급 반열로 잉태한 이는 솔데라다. 비욘디 산티의 역사에는 못 미치지만 품질과 가격으로 이미 그를 넘어선 솔데라에게는 맑고 고운 향기가 난다.

이탈리아 몬탈치노의 국보급 양조장, 비욘디 산티

비욘디 산티 와인은 의심할 여지없이 이탈리아의 국보급 양조장이다. 그 가문은 대를 이어가며 와인양조에 매진하여 토스카나의 자그마한 마을 몬탈치노를 오늘날 이탈리아 와인의 정중앙에 올려놓았다. 그의 할아버지 페루치오Ferruccio가 육종에 성공한 브루넬로는 산지오베제의 변종으로서 위대한 와인, 브루넬로 디 몬탈치노를 만드는 품종이다.

브루넬로 품종은 비욘디 산티 가문이 창조하였다. 하지만 가문은 브루넬로의 비밀을 독점하지 않았다. 주변 농부들에게 품종을 나누었다. 양조 시범도 선보였다. 평범한 와인이 아니라 특별한 와인을 만들도록 일일이 돌보았다. 가문이 처음으로 병에 담은 1888년도 와인은 브루넬로 디 몬탈치노의 최초 빈티지가 되었다. 마을 사람들은 그 가문의 장손인 프랑코 비욘디 산티를 존경한다. 나라

비욘디 산티의 지하 셀러에 이르는 문 열쇠는 성주 프랑코 비욘디 산티가 관리하기 때문에 그가 있을 때에만 올드 빈티지 구경이 가능하다.

에서 제일 큰 와인행사 비니탈리 Vinitaly에 그가 나타나기만 하면 이탈리아인들은 삽시간에 인산인해를 이루며 그에게 다가가 예를 갖춘다.

비욘디 산티의 이름은 여러 세대에 걸쳐 축적된 것이지만, 오늘날 프랑코 없이 이렇게까지 그 명성을 드높일 수 있었을까? 몇 년 후면 아흔을 바라보는 그는 가끔은 자신의 빈티지를 잊을 정도로 일에 열중한단다. 그는 할아버지가 양조한 브루넬로의 최초 빈티지 1888을 지금까지 잘 저장하고 있다. 그는 단순히 선대의 유산만을 잘 지켜낸 그런 보수적인 인물이 아니다. 그는 불굴의 투지로 무장하여 불의에 대항하며 대의를 위해 희생하는 마을의 대표이기도 했다.

상상해보라. 오늘날 몬탈치노 마을에 대규모 쓰레기 소각장이 들어섰다면, 굴뚝에서 시커먼 연기가 뿜어지고 있다면, 매일 같이 대형 덤프트럭이 마을의 좁다란 길을 타고 수 십대가 열을 지어 들어오고 나가고 한다면, 과연 몬탈치노가 이탈리아 와인의 중심지

산탄티모 수도원. 건축물이 입체적으로 구성되어 위치에 따라 둥글게 혹은 사진처럼 각지게 보인다. 수도생활을 하고 있는 신부들은 모두 프랑스에서 왔으며, 때가 되면 그들은 전근하고 또 새로 부임한다. 물론 교황청의 발령을 통해서.

가 될 수 있겠는가.

프랑코는 정치인들의 연합에 과감히 맞서 결국 승리하였다. 회유당하기도 하고 위협받기도 했지만, 자연 친화적인 포도밭이라야 와인의 생명이 보장된다는 점을 충분히 설득하여 소각장 설립 계획을 무산시켰다.

또한 폐쇄 위기에 몰린 산탄티모 수도원을 슬기롭게 막아냈다. 수도원은 몬탈치노 마을의 남쪽에 위치한 조그마한 마을 카스텔누오보 델라바테Castelnuovo dell' Abate에 위치한다. 멀리서 봐도 한 눈에 알 수 있는 둥근 모양의 수도원은 바라보기만 해도 안식을 얻을 수 있을 정도로 든든하게 자리 잡고 있다. 몬탈치노 여행에서 이 수도원 바라보기를 빼면 영적인 요소가 빠진다고 말하기도 하는데, 미사가 없더라도 의자에 앉아 울려 퍼지는 그레고리안 성가를 듣노라면 여정의 고단함은 눈 녹듯 사라지고 맑게 정화된다.

약 500년 이상이나 방치되어 박물관이 될 운명이던 이곳을 프랑스 신부가 영성 훈련의 공간으로 즉 500년 전의 수도원 생활을 복원하고 싶다는 소망을 피력했다. 이 말을 들은 프랑코는 아무도 돌보지 않았던 그 수도원의 회복을 위하여 관공서를 제 집 드나들듯 하며 마침내 1992년에 완전히 새로운 수도원으로 거듭나는 데 일조했다. 그때까지 이곳저곳을 떠돌아다니던 여러 성직자들은 그의 도움으로 자급자족하는 수도사 생활을 시작할 수 있었다. 몬탈치노의 수도원이지만 신부는 모두 프랑스인이다.

중세 고도의 산성 도시 몬탈치노는 토스카나 지방에서 가장 숙성력이 뛰어난 와인을 잉태한다.

이탈리아 103세
와인의 비밀

　프랑코는 십수 년 전에 우리나라를 방문하기도 했는데 남대문의 기풍 당당함을 잘 기억하고 있었다. 비욘디 산티의 특별한 전통은 이미 오래 전부터 정평이 나 있었다. 런던주재 이탈리아 대사관의 만찬에 제공된 1955 리제르바는 엘리자베스 여왕을 비롯한 많은 국빈들을 놀라게 했다. 이탈리아에도 이런 와인이 있다는 사실에 많은 와인애호가들은 경탄을 마다하지 않았다. '여왕의 와인'이란

브루넬로의 완벽한 맛은 1955년에 구현되었다고 여겨지지만, 구할 길이 없기에 맛을 확인할 방법이 없다. '만약 프랑코 비욘디 산티의 마음을 살 수 있다면, 혹시 그가 내게 소원을 말해보라면, 나는 당장 산더미처럼 쌓여있는 1955년 빈티지 중에서 한 병만 주세요' 라고 말할 것이다.

별칭까지 얻을 정도였으니. 미국 와인잡지 〈와인 스펙테이터〉 역시 1955 리제르바의 진가를 놓치지 않고 20세기를 대표하는 베스트 10 으로 선정했다. 이는 이탈리아 와인 중에서는 유래가 없던 일이다.

브루넬로의 숙성력은 1994년에 열린 세기의 시음회를 통해 전 세계에 널리 알려졌다. 1888년부터 1988년까지 무려 100년의 시계열 속에서 잘 여문 열다섯 빈티지를 개봉하였다. 관심의 초점은 당연히 1888과 1891. 특히 1891 빈티지는 대단한 맛과 향을 지닌 것으로 기록되어 있다. 영국출신 와인저널리스트 니콜라스 벨프리지는 "어떤 인간이 이 103살의 와인만큼 건장하리요?"라며 10점 만점에 10점을 부여했다.

프랑코는 자신있게 1955년 리제르바에 필적할 것이라고 했다. 와인 유적지 감베로 로쏘Gambero Rosso도 역시 2010년 최고의 레드 와인으로 비요디 산티 2004 리제르바를 선정했다. 2004 리제르바, 꼭 기억해야 할 와인이다.

비욘디 산티 브루넬로의 비밀은 그리 복잡하지 않다. 신맛과 탄닌이 풍부한 브루넬로를 전통 있는 포도밭 일 그레포Il Greppo에서 재배한다. 이 밭은 필록세라로 황폐화된 후로 페루치오가 미국산 태목을 들여다 오직 산지오베제에다 접붙여 조성하였다. 남들이 여러 품종으로 혼합하여 당장 마시기 좋은 와인, 팔기 쉬운 와인에 매달릴 때에도 비욘디 산티 가문은 오로지 마을의 정체성이 담긴 산지오베제를 통해 숙성력이 좋고 오래 즐길 수 있는 최고의 와인을 양조하려고 애썼다.

청포도를 섞어 산지오베제의 타닌과 신맛을 잠재우기보다 그 속성들을 오히려 긴 숙성기간을 통해 와인 내부로 스며들도록 하였다. 때문에 비욘디 산티의 양조기간은 5~6년 이상 소요된다.

이탈리아 와인의 자존심을 새운 프랑코도 후회하는 일이 하나 있는데 바로 오크통 숙성기간을 단축한 것이다. 서둘러 판매하려는 지역 양조업자들에게 결국은 손을 들고 말았다. 그 결과 짧아진 숙성기간 동안에 브루넬로의 타닌과 신맛을 다스리려니 기존의 큰 오크통보다는 바릭barrique, 225리터들이을 쓰게 되었다. 프랑스에서 흔한 바릭이 국경을 넘어 몬탈치노에도 범람하게 되었다. 그리하여 전통의 맛이 사라지고 인위적인 오크향이 짙어져 버렸다. 결국 브루넬로라고 해서 다 같은 브루넬로가 아니다. 생산자를 확인해야 한다. 그래도 역시 비욘디 산티의 브루넬로는 이탈리아가 자랑하는 대표급 와인이다.

자연 친화적 양조방식을
고집하는 솔데라

"비욘디 산티, 체르바이올라, 체르바이오나 등은 다 있어요. 그런데 손님께서 찾으시는 건 없네요. 죄송합니다. 그건 좀 구하기 힘들어요."

가게 주인장은 못내 아쉬워한다. 이 와인이 무엇이라고 생각하시는가? 몬탈치노에서 비욘디 산티보다 더 구하기 힘든 게 하나 있다. 그것은 바로 솔데라이다.

여기는 이탈리아의 몬탈치노. 일주일 전 피렌체에서도 마찬가지였다. 2월에 벌어지는 시음회에 참여하러 몇 년째 이곳을 방문하고 있다.

지안프랑코 솔데라Gianfranco Soldera는 밀라노에서 보험중개업을 하다 문득 자기 이름의 와인이 만들고 싶어졌다. 그는 점 찍어둔 몬탈치노에다 양조장을 차리고는 브루넬로Brunello에 남은 인생을 걸었다. 브루넬로는 산지오베제의 변종으로 몬탈치노가 고향인 검은 포도의 일종이다.

지안프랑코 솔데라는 타벨넬레Tavelnelle 지구의 황량한 풀밭을 1972년에 매입하여 30여 년 만에 몬탈치노의 간판 양조장으로 변화시켰다. 카제 바세Case Basse라 불리는 양조장 전체 면적은 25헥타르이지만 포도밭은 9헥타르 정도. 포도밭 전체가 숲이나 개울로 싸여 있다. 지극히 자연에 가까운 포도밭이다. 개울을 건너면 안젤로 가야의 양조장 피에베 산타 레스티투타가 있다.

"포도나무 버팀목 위의 저 상자들은 무엇인가요? 많기도 하네요."

"아, 그거요? 새집이에요. 포도가 자연스럽게 성장하고 해충을 막기 위해 수백 개의 새집을 설치했어요. 대학의 연구팀이 매년 새의 생태를 연구하기도 합니다. 모든 새집에는 실제로 새가 살고 있지요."

카제 바세에는 새집 설치 이외에도 퇴비를 직접 만들고, 장미를 곳곳에 재배하며, 양봉도 하는 등 자연환경에 무척 공을 들인다. 한 솔데라의 포도밭은 새집이 있고, 주변은 정원으로 둘러싸여 있다. 모니카는 "봄과 여름에는 정원의 빛깔이 기가 막히다"라고 말하지만, 겨울에만 방문했던 나는 독자들에게 이 정도의 색깔 밖에는 보여드릴 수 없어 안타깝다. 상상의 나래를 펴면 색동 저고리를 차려 입은 솔데라의 정원이 보일 것이라 믿는다.

쪽에 지은 주택 근처에는 아기자기하게 단장된 정원이 있다. 주변을 돌아보면 온통 식물천지다. 포도나무가 끝도 없이 줄 서 있는 대규모의 반피Banfi, 신흥 명문 와이너리. 토스카나 지역을 대표하는 '브루넬로 디 몬탈치노'를 생산하며 지역 내 최대 규모가 특징와는 사뭇 비교되는 광경이 아닐 수 없다. 원예학적으로 아름답게 꾸민 프랑스 포이약의 샤토 피숑 라랑드나 소테른의 레이몬드 라퐁에 비할만하다.

지안프랑코의 딸 모니카의 안내를 받아 포도밭을 돌아보던 중 그녀는 흙을 한줌 쥐어 보였다. 물기를 흠뻑 먹고 있는 흙덩이를 손가락으로 세차게 문지르니 곧 가늘게 부서졌다.

"이 곳의 토양은 미네랄이 풍부합니다. 보통 덩어리를 이루고 있으며 수분도 잘 흡수하죠. 기후는 점점 더워지지만, 이런 토양 덕분에 매년 훌륭한 포도를 거둡니다. 특히 가물어 메마를 적에도 여기는 어느 정도 안심이랍니다."

그녀는 퍽이나 의기양양해하며 솔데라의 개성을 설명하려 했다. 그 토양은 아주 먼 옛날 바다가 융기하여 조성된 땅덩어리의 구성요소로서 포도재배에 적합하다.

솔데라의 자연 친화적인 포도밭 관리는 양조장 운영 방침과도 맥이 통한다. 현대적 스타일로 치닫는 많은 이웃들과는 대조적으로 솔데라는 바릭barrique, 225리터들이 오크통을 전혀 쓰지 않는다. 150헥토리터1헥토리터는 100리터 혹은 75헥토리터 용량의 캐스크에서 와인을 묵힌다. 캐스크와인을 담는 큰 나무통는 온도조절도 하지 않는 극히 자연스런 방식을 취한다. 4년 후에는 일반 브루넬로로, 5년 후에는 리제르바로 탄생하며 9개월간의 병 숙성 후에 출시된다. 시장에서 지금 팔리는 빈티지는 2000이다.

습기 충만하고 서늘하다 못해 추운듯한 지하 셀러에서 통 속에 든 다섯 빈티지를 차례로 시음했다. 시음하는 동안 쟈코모 콘테르노의 몬포르티노Monfortino가 떠오른 것은 우연일까? 그녀에게 그 느낌을 얘기했더니 그 집안과 친하다며 반색했다.

솔데라는 백합이란 뜻도 지니는데, 와인 맛을 보면 그 뜻이 더 잘 통한다. 그 맛은 한마디로 순수한 맛이다. 백합처럼 순수하고 단순한 맛. 포도즙 외에 일체의 것을 치장하지 않으며, 순진무구함과 간결함이 넘친다. 거칠고 단단한 브루넬로 포도로 이런 깔끔하고 자연스런 와인을 얻으려면 어떻게 해야 할까?

우선 포도가 완벽하게 익어야 하고, 그 포도의 타닌과 산도를 양조장에서 잘 다스려야 한다. 색은 투명한 붉은 색이며 맑고 정결하다. 이런 수준의 와인은 몬탈치노에서 찾기 힘들다. 아주 드물다. 오직 자연에만 매달려야 이러한 자연스러움을 와인에 담을 수 있다.

솔데라는 비욘디 산티Biondi-Santi를 벤치마킹한 게 분명하다. 왜냐하면 비욘디 산티는 지난 120년간 브루넬로의 종가로서 자연스런 브루넬로의 맛을 연구해왔기 때문이다. 솔데라의 깊고도 간결한 맛은 외서《앗 뜨거워Heat》의 한 구절을 떠올리게 한다.

"흔히 단순하다는 말은 쉽다는 뜻으로 해석되지만, 주방장이 그 말을 할 땐 터득하는 데 한평생이 걸린다."

솔데라,
그 이상의 가치

지안프랑코는 성격이 불같이 급하다. 단신에 동글동글한 외모는 작은 고추가 맵다는 말을 떠올리게 한다. 그는 자신의 비위를 조금만 건드려도 금방 성을 낸다. 그 밑에서 일해 보았다는 한 젊은이는 특히 양조장 내에서는 조심해야 한다고 했다. 위생을 중시하는 그의 기준에 털끝이라도 잘못 관리하면 불호령이 떨어진다고 했다.

후덕하게 보이는 둥근 얼굴의 지안프랑코 솔데라는 품질 향상을 가로막는 어떤 상황에도 단호하게 대처하여 종종 사납다는 평판을 듣는다. 인물 연구나 캐릭터 설정에 도가 튼 이들은 이 사진으로도 충분히 그런 느낌이 드는지 모르겠다.

솔데라를 시기하는 사람들이 많은 것 같다. 여기에는 주인의 괴팍한 성격도 한몫했겠지만, 그 와인이 그 단순함의 지경에 이르렀기 때문이 아닐까? 30년도 채 안 되는 기간에 브루넬로의 최고라는 평가를 얻지 않았느냔 말이다. 평가의 결과는 팔리는 가격이다. 이미 안젤로 가야의 부르넬로를 능가하며, 심지어 비욘디 산티보다도 비싸게 팔리기도 한다. 이 점이 비욘디 산티의 심기를 건드린다. 둘 다 뉴욕 경매장의 이탈리아 와인의 단골 메뉴이기도 하다.

한 가지 조심할 것은 시음 중에는 절대 뱉을 수 없다는 사실. 오직 와인이 상했을 때에만 뱉는 것이 솔데라의 규칙이다. 지안프랑코는 수년 전에 밀라노 회사를 완전 정리하고 몬탈치노에 정착했다. 이젠 와인에만 집중한다. 쌍둥이를 포함하여 4녀를 두고 있는 딸 가족과 함께 그는 오늘도 멜빵 맨 바지를 입고 자연으로 간다.

브루넬로의 유명세는 여러 군데에서 발견된다. 〈와인 스펙테이터〉가 선정한 2006년 최고의 와인으로도 브루넬로 디 몬탈치노가 선정되었다. 현대 건축의 아름다움을 뽐내는 카자노바 디 네리의 2001년 빈티지가 그 대상이다. 우리 안방에도 등장했다. 고현정이 대책 없는 30대 노처녀로 분했던 드라마 '여우야 뭐하니'에서 천정명이 고현정에게 사랑을 고백하는 매개체로도 브루넬로 디 몬텔치노가 활용되었다. 안티노리 소유의 피안 델레 비녜라는 브랜드다.

일곱 번째 대결.

1853년 로쉴드 가문의 한 사람이 샤토를 구입했다. 그 이름은 브랑 무통
이다. 그는 곧바로 자신의 성을 집어넣어 이름을 무통 로쉴드로 바꾸었다.
1868년 로쉴드의 또 다른 식구가 샤토 라피트를 구입한 해이다.

라피트 로쉴드 VS. 무통
Lafite Rothschild vs. Mouton

7. 한 지붕 두 양조장, 라피트 로쉴드 VS. 무통

Lafite Rothschild vs Mouton

라피트와 무통만큼 라이벌 의식이 강한 데도 없다. 둘 다 같은 집안 출신이면서 메독의 1등급 양조장을 각각 소유하고 있다. 이들 와인은 품질과 가격에서 절대 명성을 지니고 있으며, 우열을 가리기 힘들 정도로 대단한 소비시장을 형성하고 있다. 그래서 샤토 무통 로쉴드이하 무통와 샤토 라피트 로쉴드이하 라피트의 라이벌 구도는 더 흥미진진하다.

사촌이 땅을 사면 배가 아프다는 말이 메독에서 비롯되었을까 의아할 정도로 두 양조장은 경합을 벌인다. 질투와 시기가 점철되던 시기도 있었고, 냉소적인 시각을 교환하던 시절도 있었다. 하지만 시대가 바뀌고 사람이 바뀌면서 유서 깊었던 대립과 시기, 질투도 변하였다.

영국의 와인 잡지 〈디캔터〉의 2009년 신년호에는 유례가 없는 글이 등장했다. 두 양조장의 주인장을 공동으로 취재한 기사가 실린 것이다. 같은 할아버지의 6대손인 라피트와 무통 양조장의 주인이 나란히 앉아 인터뷰에 응했다. 메독의 포이약 마을 북단에 위치한 라피트와 무통의 경계 지점을 조명한 사진은 많은 것을 의미한다. 두 사람이 그 경계지점에 위치한 좁다란 밭길을 걷는다. 유쾌하게 웃으며 나누는 대화로 이들의 대립적인 구도가 친밀한 관계로 변화됨을 보여준다.

약 150년 전에 기존의 샤토를 매입하여 이름을 바꾸고 새바람을 불어넣으며 보르도 최고 와인을 양조하고 있는 라피트와 무통의 주인장들은 백발이 무성하다. 하지만 포도밭과 양조장은 여전히 싱그럽다. "난 그저 짧은 인생 동안에 양조장을 지키는 청지기에 불과해요"라고 고백하는 한 양조장 주인의 말이 생각난다.

로쉴드 가문의
등급 전쟁

1853년 로쉴드 가문의 한 사람이 샤토를 구입했다. 샤토 이름은 브랑 무통이었다. 그는 곧바로 자신의 성을 집어넣어 이름을 무통 로쉴드로 바꾸었다. 그래서 샤토 무통 로쉴드가 탄생했다. 한강같이 큰 지롱드 강 하류에 위치한 포이약 마을은 중세부터 와인의 요충지다. 오늘날 와인세계에서 포이약은 메독에서 가장 유명하다.

샤토 무통 로쉴드(위)와 샤토 라피트 로쉴드(아래). 주인장들은 모두 파리에 살기에 이 집들은 거의 비어 있다. 주인들이 돌아와 머무는 날에는 가끔 파티가 열리는데, 이들의 하우스 와인은 각각 샤토 무통 로쉴드와 샤토 라피트 로쉴드이니 초대장을 받으면 그야말로 대박이다.

왜냐하면 메독의 1등급 와인이 고작 다섯인데, 포이약에 무려 세 개가 있기 때문이다.

오랜 시간 동안 침식과 분열을 반복하며 강 하류에 쌓인 광물자원의 퇴적이 포도나무 생육에 탁월한 조건을 잉태한 곳, 포이약은 석회암 층 위에 이회토 층, 그리고 그 위에 형성된 자갈토양으로 인해 미묘한 맛을 뿌리에 전달하며, 그 뿌리의 배수에도 특별한 기운을 보탠다. 이런 탁월한 테루아를 지닌 포이약에서 라피트와 무통은 단연 그 품질이 돋보인다.

그리고 2년 후인 1855년, 파리에서 연락이 왔다. 대통령 나폴레옹 3세가 곧 벌어질 만국박람회의 성공을 위해 와인의 품계를 정하겠다는 전갈이었다. 행정적인 일인데도 빠른 속도로 처리됐고 곧 무통에게도 결과가 당도했다. 요지는 이런 것이었다.

메독에 속한 수많은 양조장 가운데에서 품질과 명성 그리고 가격을 기준으로 우수한 양조장의 등급을 정하기로 한다. 이 등급은 최고 등급 1등급부터 5등급까지로 구분한다. 무통은 2등급에 속하며, 1등급에는 라피트당시에는 양조장 이름이 그냥 샤토 라피트였다, 마고, 라투르, 오브리옹이 해당한다.

무통의 주인장 나타니엘 로쉴드는 충격에 빠졌다. 독일 땅을 빠져나와 영국에 자리를 잡고, 그 곳에서 은행업으로 큰 성공을 거둔 유대인인 그는 자신의 와인이 당연히 1등급이 될 거라 믿었던 터라

뜻밖의 결과에 말문이 막혔다. 1855년 등급제정문서에 보면 1등급에는 라피트가 첫 줄에, 2등급에는 무통이 첫 줄에 쓰여 있다. 허망한 마음을 담은 그의 시 한편은 이 양조장의 파란만장한 에피소드 중에 단연 톱으로 꼽힌다.

> "나는 일등이 아닐지 몰라.
> 하지만 2등은 되지 않겠어.
> 나는 무통이야."

1등급이 아니란 말에 상심이 큰 무통 양조장의 분위기는 오솔길 하나만 건너면 완전히 달랐다. 바로 옆에 자리 잡은 샤토 라피트는 1등급의 평가를 받았기 때문이다. 그곳 주인장은 축하 손님을 대접하며 즐거운 나날을 보냈다.

1868년은 로쉴드의 또 다른 식구가 샤토 라피트를 구입한 해다. 제임스 로쉴드는 샤토를 구입하자마자 그의 사촌이 그랬던 것처럼 자신의 성을 따서 샤토 이름을 정했다. 샤토 라피트 로쉴드의 시작이다. 물론 제임스는 그의 사촌 나타니엘이 치른 금액보다 훨씬 비싸게 들여 샤토를 손에 넣었다. 독일에서 와서 프랑스에 자리를 잡은 제임스는 보르도 최고의 양조장을 소유하는데 그 정도는 아무것도 아니라고 여겼다. 단번에 1등급 와인을 얻게 된 제임스는 만족으로 가득했지만, 나타니엘은 마음이 쓰렸다. 사촌이 땅을 사서 배가 아프다는 말의 서양식 예화가 된 것이다. 나타니엘 생각에는 자신이 13년이나 더 일찍 포도원의 소중함을 깨달았는데 왜 이렇게 되었을까 푸념했다. '왜 자신은 2등급이고, 사촌은 1등급일까?' 했을 마음을 생각하면 그 마음이 얼마나 상했을지 짐작이 간다.

분을 삼킬 수 없었던 무통과 만족하는 라피트에게도 시간은 똑같이 흘렀다. 양조장과 포도원은 그대로지만, 책임자는 바뀐다. 주인장도 바뀐다. 시대가 바뀌고 새로운 주인의 새로운 스타일이 등장한다.

샤토 병입의 선구자
무통

1922년의 일이다. 무통의 젊은 피 필립 드 로쉴드는 스무 살이란 어린 나이에 양조장을 계승했다. 그는 파리에 거점을 두고 가끔씩 보르도에 내려오던 관행을 깨고 아예 보르도로 이주해 소원했던 1등급 양조장과의 관계를 호전시키려고 노력했다. 필립은 무통은 1등급에 맞는 대우를 받아야 마땅하다는 소신을 가졌다. 그래서 그는 '오인회'를 만들었다. 1등급 양조장 4곳과 자신의 양조장을 대표하는 대표자들의 사교모임인 셈이다. 문학과 예술을 즐기며 쾌활하고 유쾌한 그의 적극적인 면모를 엿보게 하는 대목이다.

필립은 와인품질의 완벽성에 눈을 떴다. 종래의 와인 판매방식에 수정을 가했다. 기존의 판매방식은 오늘날과 다르다. 필립 이전에는 와인을 병에 담아 팔지 않고 통에 담아 팔았다. 샤토가 양조하고, 양조과정이 마치면 숙성과 상관없이 즉각 그 와인을 통에 담아 파는 것이다. 중개인들은 그들의 창고에 와인을 쌓아두고 일정 기간 숙성한 다음에 병에 담아 소비자에게 팔았다. 그러니 와인의 숙성은 샤토가 아니라 중개상에 달려 있었다.

와인의 숙성은 통 숙성과 병 숙성으로 구분된다. 병 숙성은 응당 소비자의 몫이다. 스스로 개봉할 시기를 결정하는 것은 소비자 선택사항이다. 통 숙성은 창고의 조건에 달려 있다. 좋은 창고를 지닌 중개상들은 샤토만큼 품질관리에 신경을 쓴다. 하지만 모든 중개상들이 샤토만큼 치밀하고 세심하게 공을 들이지는 않는다.

필립은 방법을 바꾸어 스스로 통 숙성을 마친 후에 병에 담아 팔 것을 고안했다. 발효하고 숙성하고 일정기간 동안 샤토에서 와인을 저장한 다음에야 비로소 병에 담았다. 그리고 라벨에 다음과 같이 인쇄했다.

'Mis en boutteilles au Chateau'

이를 영어로 옮기면 'Put into bottled at Chateau' 즉 샤토에서 병입했다는 뜻이다. 1924년 빈티지부터 샤토 무통 로쉴드는 병에 담아 와인을 팔았다. 무통은 품질을 위해서 관련 비용을 모두 부담하였다. 와인을 통으로 숙성하려면 창고가 필요하다. 넓은 공간이 있어야 한다. 병에 담으려면 관련 도구도 필요하고 그에 따른 일손도 필요하다. 그런 일체의 비용과 시설을 들여서라도 우수한 와인을 만들려고 노력한 것이다. 오늘날 샤토 병입의 선구자가 무통이

샤토 무통 로쉴드의 지하 셀러는 오크통을 한 층으로만 쌓을 수 있을 정도로 규모가 있는데, 메독에서 이런 공간은 찾기 어렵다. 지하공간만을 놓고 본다면 무통 로쉴드는 보르도 최고다.

다. 보르도 와인뿐 아니라 이탈리아, 독일 등의 와인 역시 지금은 거의 다 양조장 병입을 시행하고 있다.

점점 치열해지는
와인 가문의 경쟁

1953년에는 '오인회'가 그만 깨져버렸다. 라피트 주인장이 더 이상 무통의 1등급 야망을 지켜보기 싫어해서 무통을 단체에서 빼버린 것이다. 다른 누구도 아닌 사촌으로부터 배척당한 무통은 뜨거운 등급 향상의 야망을 불태운다. 무통과 라피트의 경쟁은 사실 품질에 대한 경쟁보다는 출시가격의 경쟁으로 세상에 알려져 있다.

여기서 보르도 시장의 특이한 거래 방식인 '엉프리메르_en primeur_'를 이해할 필요가 있다. 보르도 특급 와인들은 통 숙성을 보통 18개월 이상 실시한다. 포도를 짜서 발효하고 숙성한 다음 병에 담아 소비자에게 판매하기까지 약 2년 이상의 시간이 소요된다. 그러니 샤토에는 큰 부담이 아닐 수 없다. 판매대금이 빨리 들어와야 운영할 수 있으니 말이다. 해서 오래 전부터 보르도 와인은 미리 팔렸다. 대금은 일찍 받고, 와인은 나중에 주는 것이다. 일종의 선물거래인 셈이다. 배추밭의 배추를 봄에 파는 것과 마찬가지다. 농사꾼은 돈을 미리 받아 좋고, 상인은 싸게 살 수 있으니 좋다. 누이 좋고 매부 좋은 방식이다.

이듬해 봄이 되면 직전 빈티지의 출시가격이 나온다. 샤토와 중개상들이 의논하여 결정하는데, 이 대목에서 라피트와 무통은 얼마로 할 것인지에 대해 촉각을 곤두세운다. 무통은 2등급이지만, 항상 라피트와 비슷하게 혹은 더 비싸게 출시하려고 애썼으며, 라피트는 무통을 자연스럽게 따돌릴 방책을 구했다. 빈티지에 따라 품질이 결정되지만, 빈티지는 광활한 지역에 균일하게 작용하지 않기 때문에 무통과 라피트의 빈티지는 해에 따라 결과가 달리 나타났다. 그 결과를 보면 세계에서 가장 영향력 있는 파커는 라피트의 손을 들어 올리고 있다고 해석된다.

오랜 시간 동안 무통의 1등급 진입을 반대해온 라피트로 인해 분쟁은 끊임없었다. 하지만 1961년에는 잠깐 휴전하기도 했다. 현재 무통의 주인장 필리핀 드 로쉴드가 시집가는 날이었다. 파리에서 열차를 전세 내어 가족 80명과 친지들이 모였다. 그리고 대망의 1973에 라피트의 반대 철회로 등급 상향 결정은 이루어졌다. 자신이 가문에서 막내이다 보니 무통 카데라고 브랜드 와인 이름을 짓기도 한 필립은 1등급 결정을 이룩한 뒤에 이런 시를 읊었다.

"나는 1등급이다.
한때 2등급이었지.
무통은 바뀌지 않을거야!"

그의 할아버지가 읊조린 실망의 시와는 다르게 자신감이 넘치는 시다.

무통, 드디어
등급 상향을 이룩하다

　1945년은 무통 역사상 최고의 품질을 빚은 빈티지로 꼽힌다. 사실 1945년은 2차 세계대전 막바지였다. 포도밭 농부들이 괭이나 삽 대신 총을 들고 전쟁터로 나가 있던 때다. 포도밭을 일일이 다 돌보지 못하고, 그저 하늘만 바라보았던 시기였다고도 볼 수 있다. 하지만 20세기 대표적인 최고의 빈티지 해였던 1945년은 무통에게 특별하지 않을 수 없다. 포도밭의 포도 한 송이 한 송이가 다 잘 익었다. 아니 포도 한 알 한 알이 다 잘 여물었다. 이는 하늘의 축복이었다.

　필립은 예외적으로 돋보이는 풍족한 빈티지를 축하하고, 또 승전을 기념할 목적으로 새로운 라벨의 도안을 의뢰했다. 승리의 브이를 크게 새기며 예술가로 하여금 디자인하게 했다. 이렇게 해서 시작된 아티스트 라벨은 오늘날 무통 와인 마케팅의 핵심이 되었다. 매년 어떤 그림이 어떤 작가가 선정될 지가 궁금증을 불러일으킨다. 필립이 헌정한 작가 명단은 기라성 같은 예술가로 가득하다.

　필립은 가문의 오랜 숙원이던 등급 상향의 꿈을 이뤘다. 이를 기념으로 1973년 빈티지에는 당대 최고의 작가 피카소의 작품을 채택했다. 앤디 워홀, 타피에, 후앙 미로 등의 작품도 등장했고, 일본 작가도 두 사람이나 선정됐다. 아쉬운 점은 우리 작가는 아직 선택되지 못하고 있다는 사실이다. 필자의 견해로는 파리에서 활동하기도

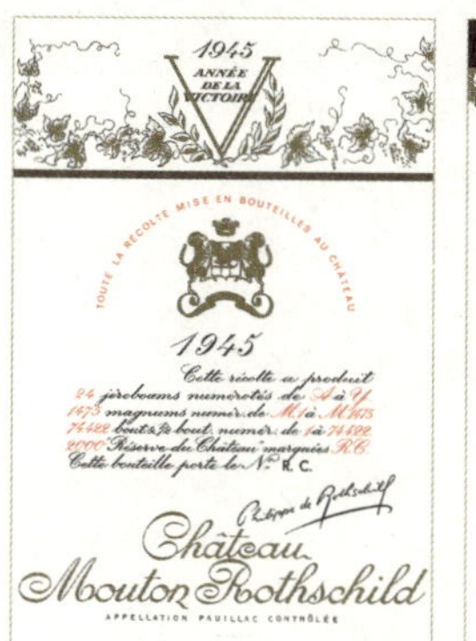

그림 이미지로 라벨을 꾸미는 무통 로 쉴드. 1등급 상향을 기념하는 빈티지 1973은 피카소가 맡았다.

애드거 앨런 포우의 단편 소설 〈아몬티야도의 술통〉을 연상시키는 어둡고 무서운 느낌의 지하 셀러. 여기는 무통 로칠드의 패밀리 셀러. 1853년에 샤토를 구입했으니 눈이 밝은 자라면 한 150년 묵은 와인 정도는 발견할 수 있을 것이다. 샤토에서 직접 경매에 출품하면 여기 있는 녀석들 중에 골라서 한다.

했던 김환기 혹은 남관이 유력한 후보가 되지 않을까 싶다. 무통의
아트 마케팅은 오늘날 세계 각지에서 차용되고 있는데 호주 리우윈
에스테이트의 아티스트 시리즈라든가 미국 켄우드가 그렇다.

스토리를 생산하는 이런 마케팅은 와인 컬렉터들을 자극했다.
컬렉터들은 자신들의 셀러에 무통 1945부터 현재까지의 빈티지들
을 모은다. 뭔가 흥미를 느끼면 그것으로 세트를 구성하려는 남성
들의 욕망이 드러나는 대목이다. 1945년 무통은 와인평론가 로버
트 파커가 완벽한 와인이라고 평하며, 100점 만점에 100점을 부여
하고 있다. 〈디캔터〉가 얼마 전 선정한 '죽기 전에 마셔볼 와인명
세'에서도 당당히 1위에 올랐다.

무통을 방문하면 체계화된 홍보와 마케팅 인력을 체험할 수 있
다. 응대를 위한 장소가 따로 마련되어 있고, 오랜 세월 그 분야에
종사해온 담당자의 안내를 받을 수 있다. 예술에 대한 애호로 가득
한 박물관에 들어가면 세계의 이국적인 다양한 컬렉션도 관람할
수 있다. 별로 치장하거나 화려하게 마련되지 않은 라피트와는 대
조적이다. 1등급의 여유와 2등급의 분발로 이해할 수 있을지 모르
겠다.

같은 듯 다른, 끝난 듯 이어지는
두 가문의 경쟁

무통이나 라피트의 공통점 가운데 하나는 일꾼들이 대를 이어

일한다는 사실이다. 샤토 라피트 로쉴드에는 5대째 일하는 가족도 있다. 특히 라피트는 매년 성탄절이 되면 직원들에게 성탄 보너스를 지급한다. 가족 당 6병의 라피트를 부상으로 선사한다. 2009년에는 2005년 빈티지 세 병과 1997년 빈티지 세 병이었다. 우리 돈으로 치면 1000만 원을 훨씬 상회하는 목돈이다.

라피트는 라 피트가 붙은 말이며, 피트는 영어로 마운드mound이다. 즉 솟아오른 언덕을 뜻한다. 포이약에서도 가장 높이 솟아 있다. 평지가 대부분인 메독에서 해발고도 27미터는 상당한 높이다. 실제로 메독의 와인도로 D2를 운전하고 달리다 보면 단조로운 평지가 이어지는데 라피트를 만나고 나서는 오르막이 제대로 형성되어 있음을 알게 된다.

1755년 리슐리외공은 프랑스 지엔느 지사에 임명되어 통치한 후 파리에 돌아왔을 때 60세였다. 그의 알현을 받은 루이 15세는 리슐리외공의 놀라운 젊음의 비결이 '라피트'라는 와인에 있다고 보고받고, 그 이후 왕실의 와인으로 선택했다는 유명한 일화가 있다.

라피트의 우아하고 고급스러움에 반한 독일 장군의 욕심도 이 와인을 더욱 유명하게 만들었다. 2차 세계대전 때인 1942년에 히틀러의 충복이었던 괴링 원수는 라피트를 무척 애호했다. 히틀러는 그의 후계자에게 선물할 요량으로 유대인 소유지인 샤또 라피트 로쉴드를 빼앗으려고 했다. 이 사실을 미리 알아챈 프랑스 정부는 해당되는 모든 재산을 국유화했다. 결국 독일은 국가재산이 된 라피트

샤토 라피트 로쉴드의 전경. 포도밭의 언덕이 풍경을 가리기 때문에 어떻게 좀 샤토 전체를 사진 찍는 방법이 없을까 고민한다면, 차를 타고 D2 도로를 따라 북으로 방향을 잡으면 샤토를 지나치는 순간에 이런 풍광이 렌즈에 들어온다는 사실을 유념하시라.

샤토 라피트 로쉴드의 새 빈티지를 맛보기 위한 공간.

를 더 이상 유대인 재산이라는 명분으로 찬탈할 수 없게 되었다.

라피트 로쉴드의 라벨은 작고 우아하며 단순한 이미지다. 와인의 맛 역시 일반적으로 라이트하며 부드럽고 섬세한 맛을 자랑한다. 이런 성격은 상대적으로 약점으로 작용하는 측면도 있다. 그러나 긴 와인수명은 라피트만의 자랑이다.

자갈토양으로 유명한 라피트는 특히 더운 날에 진가를 발휘한다. 2003년 타오르던 해에도 최고 와인을 생산한 것을 보면 안다.

라피트는 무통보다 훨씬 나긋나긋하고 유순하다. 질감면에서는 포이약의 무통이나 라투르보다 두텁다고 말할 수 없지만, 사실 두터움은 라피트가 추구하는 성질이 아니다. 미세함, 섬세함, 우아함을 표현하려고 할 뿐이다.

예술 애호는 공히 즐긴다. 라피트 역시 예술을 후원한다. 주로 색감 좋은 페인팅을 라벨로 차용한 무통과는 달리 라피트는 흑백사진을 애호한다. 양조장 직원들의 노동을 근엄한 톤으로 표현한 미국 사진가 리차드 애브동의 작품들이 샤토 곳곳에 걸려 있다.

1973년 이후, 사촌 모두 1등급이 되고부터는 등급전쟁은 막을 내린다. 그렇다고 경쟁이 여기서 그치면 로쉴드가 아니다. 이후에는 주로 출시가격으로 경쟁하였고, 나중엔 글로벌 경쟁으로 확대됐다.

품질경쟁은 이때에야 비로소 시작된다. 지금부터는 브랜드의 품질경쟁이다. 칠레 등 새로운 산지에서 양산체제를 확립하기 위해 두 양조장은 품질경쟁에 박차를 가한다. 미국은 무통이 일찍 진출했지만, 칠레는 라피트가 앞섰다.

사실 로쉴드 가문에는 이 두 집안 외에도 와인사업을 하는 집안이 있다. 와인사업에 뛰어든 또 다른 사촌이 있는데 그는 매물로 나온 샤토 마고를 그냥 지나쳐버린다. 우선 다른 사촌들과 경쟁하고 싶지 않았고, 또 로쉴드라는 패밀리는 1등급에만 환장해 있다는 애길 듣고 싶지 않았기 때문이라고 전해진다.

경쟁을 벌이다가도 가족이 부도가 나면 도와주는 것이 내력이라

샤토 라피트 로쉴드 양조장의
이모저모.

고 하는 이들이 한 목소리를 내는 때가 있다. 바로 로쉴드라는 이름을 타인이 상업적으로 사용하려 할 때다.

1999년 12월 31일 밤에 필리핀이 에릭을 불렀다. 그녀는 그에게 1899년을 대접했더니 그 다음날 에릭이 1799년을 대접했다. 아직도 끝나지 않은 라이벌인가? 불황으로 힘들어하는 가운데 여러 언론에서 취재한 내용을 보면 오늘날 로쉴드 가족 간의 세찬 경쟁이 세계 시장에서 살아남게 하는 원동력이라고 고백하는 부분을 접할 수 있다. 갈등이 힘을 만들고 그 힘이 성공을 불러온다고 해석하면 될 것이다.

빈티지	Lafite	Mouton
1982	100	100
1983	93	91
1984	84	80
1985	90	90
1986	99	100
1987	87	89
1988	100	100
1989	94	89
1990	92	87
1991	86	86
1992	89	88
1993	88	90
1994	90	91
1995	95	95
1996	100	94
1997	92	90
1998	98	96
1999	95	93
2000	100	97
2001	94	89
2002	94	93
2003	100	95+
2004	95	92+
2005	96+	96
2006	92~94+	96~100
2007	90~93	90~100
2008	98~100	94~96
2009	98~100	96~98+

샤토 무통 로쉴드(왼쪽), 샤토 라피트 로쉴드(오른쪽)

로쉴드 가문의 대표적인 양조장		
	라피트	무통
원산지	포이약	포이약
등급	1등급	1등급
포도원 면적	100헥타르	82헥타르
생산량	480,000병	320,000병
세컨드 와인	Carruades de Chateau Lafite	Le Petit Mouton
오너	에릭 드 로쉴드 남작(1940생)	필리핀 드 로쉴드 여남작(1933생)
구입년도	1868	1853
홈피	www.bpdr.com	www.lafite.com
방향	제비꽃내음	블랙커런트
특징	우아함, 균형미	풍성함, 화려함
베스트 빈티지	1982, 1986, 1996, 2000, 2003	1982, 1986, 2006

여덟 번째 대결.

단맛은 피할 수 없는 유혹 같다. 팜므 파탈 같다. 그런 유혹을 지닌 스위트
와인 중에서 최고는 단연 귀부 와인이다. 샤토 디켐은 프랑스를 대표하고
에곤 뮬러는 독일을 대표하는 귀부 와인이다.

샤토 디켐 vs. 에곤 뮬러

Chateau d'Yquem vs. Egon Müller

Echantillon
Château d'Yquem
2005
Préleve le : 31/03/2006

8. 스위트 화이트의 지존,
샤토 디켐 VS. 에곤 뮬러
Chateau d'Yquem vs *Egon Müller*

프랑스와 독일의 대결로 볼 것인가, 아니면 세미용 품종과 리슬링 품종의 대결로 볼 것인가. 스위트의 지존을 가리는 라이벌 설정은 자타가 공인하는 양국 대표양조장 샤토 디켐과 에곤 뮬러를 통해서만 가능하다.

단맛은 피할 수 없는 유혹 같다. 팜므 파탈 같다. 그런 유혹을 지닌 스위트 와인 중에서 최고는 단연 '귀부貴腐 와인'이다. 샤토 디켐은 프랑스를 대표하고, 에곤 뮬러는 독일을 대표하는 귀부 와인이다.

귀부 와인은 말 그대로 '귀하게 부패한' 포도알을 재료로 만든다. 그런데 귀하게 부패했다는 게 무슨 뜻일까. 귀부 와인은 알이 꽉 찬 포도로 만들지 않고 쭈글쭈글해진 포도로 만드는데 그 모양

포도알에 귀부 곰팡이가 달라붙어 껍질을 찢고 모양을 흉물스럽게 변모
시키지만, 와인으로 만들면 특유의 벌꿀 향기와 진한 단맛으로 바뀐다.

이 볼품없다. 그 이유는 '보트리티스 시네레아Botrytis cinerea, 잿빛 곰팡이
균'라는 곰팡이가 포도알의 수분을 빼앗기 때문이다. 균의 작용으
로 당분만 남은 포도알 속에는 벌꿀 같은 향취가 나며 어디에서도
찾아보기 힘든 독특한 맛이 나기 때문에 '귀하게 부패했다' 고 표현
한다. 귀부 와인은 이런 포도알을 고르고 골라 만든 와인이다.

　귀부 와인의 메카는 소테른Sauternes 이다. 소테른은 프랑스 보르도
지방의 남쪽에 위치한 마을이며, 가론 강가에서 가깝다. 귀부 곰팡
이는 강가에서 발생하는 물안개에 의해 확산되고 바람을 타고 소
테른 포도밭까지 날아온다. 그리고 포도알에 내려앉아 곧 껍질을
갉아먹기 시작한다. 곰팡이의 작용으로 연해진 껍질에 아침 태양
이 내리쬐면 껍질 사이가 벌어지며 그 틈으로 수분이 빠져나온다.

소테른 와인 양조상의 특징은 엄청나게 많은 당분에 있다. 다른 와인보다 당분이 훨씬 많기 때문에 발효가 더디다. 효모가 발효하다가 당분이 너무 많아 더 이상 발효하지 못하는 상태에 이르게 되는 것이다. 보통의 양조통에는 발효가 끝나면 당분이 남지 않지만, 소테른의 양조통은 발효를 마쳐도 여전히 당분이 남아 있다. 이게 바로 단맛이 나는 이유다. 발효를 마친 와인은 새로운 오크통에서 2년 이상 숙성하고, 병에 담은 다음에는 지하 셀러에 저장한다. 그러니 추수하고 대략 3년 이상이 지나야 소테른을 만날 수 있다.

귀부 와인의 대표,
샤토 디켐

소테른 중에서 가장 훌륭한 와인은 샤토 디켐이다. 디켐의 명성은 이미 수세기 전부터 알려지기 시작했다. 나폴레옹 3세는 소테른 와인의 등급을 메독과는 별도로 정했다. 소테른도 메독처럼 1855년에 등급이 매겨졌는데, 디켐만이 유일하게 특급 와인으로 지정되었다.

디켐의 포도밭 면적은 약 100헥타르이다. 이는 대략 사방 1킬로미터의 크기다. 포도밭의 80퍼센트 면적에다 세미용을 심고, 나머지 20퍼센트의 땅에는 소비뇽 블랑을 심는다. 소테른의 수확은 제철이 한참 지나 이뤄지는 늦 수확이다. 모든 수확은 사람이 직접 손으로 실시한다. 세미용을 추수할 때에는 보트리티스 작용이 심화된 송이만을 고른다. 오랫동안 농익은 포도송이만을 일일이 골라야 하므로 포도밭에는 일꾼이 항시 대기하고 있다. 보통 6주 정도 걸린다. 그들은 매일매일 밭에 나가 잘 익은 송이를 골라낸다. 또한 비가 오면 수확을 멈추고 갤 때까지 기다린다.

디켐은 소테른 와인 중에서 가장 비싼 와인이기도 하다. 첫째, 양조기간이 오래 걸리기 때문이다. 새로운 오크통에서 3년 내지 3년 반 동안 숙성시켜 병입하고 다시 1년을 지하 셀러에서 저장하는 등 긴 준비기간이 필요하다. 3개월마다 통을 갈아주는 래킹을 하려면 얼마나 많은 새로운 오크통이 필요할까? 그게 모두 다 돈이다. 2009년에 수확한 포도는 2015년이 되어야 비로소 와인으로 출시된다. 약 6년의 시차를 두니 많은 정성이 들어간 와인이 아닐 수 없다.

둘째, 포도의 농축된 맛을 얻기 위해 가지치기를 많이 한다. 그래서 소출이 아주 적다. 일반 보르도 레드 와인에 사용되는 포도 수확 비율의 약 10퍼센트 정도만을 거둬들이는데 대략 포도나무 한그루에서 한 잔 정도만을 생산할 뿐이다. 그런 이유로 황금액체라고도 불린다.

2004년 5월 뉴욕 와인경매에서는 뤼 살뤼스Lur Saluces 백작이 직접 출품한 디켐이 단연 화제였다. 샤토 지하 셀러에 100년 이상 저장됐던 1899년 빈티지를 위시하여 20세기 대표적인 빈티지들이 출품되었다. 완벽한 저장 조건이 담보된 와인이라 경쟁이 치열할 것은 불 보듯 뻔한 일이었다. 예측한 대로 1899년 빈티지는 한 병에 무려 5265달러에 낙찰되었다. 그리고 엄청난 맛과 향으로 유명한

1874년 빈티지의 샤토 디켐. 귀부 와인이 오래 묵으면 호박색깔로 바뀌지만, 숙성력이 탁월하여 100
년이 지나도 마실 만하다.

1934년 한 병은 5148달러에 팔렸다. 이날 경매에서는 출품된 40품
목 전부가 낙찰되는 기염을 토했다.

한편, 디켐은 경매 역사상 최고가 화이트 와인의 기록도 보유하
고 있다. 디켐 1784년 한 병이 그 주인공이다. 낙찰가는 5만 5800달
러다. 소장자가 제퍼슨 대통령일 거라는 추정에 힘입어 이런 최고
가를 얻었다.

디켐은 달지만 넘치는 당분 속에 숨어 있는 톡 쏘는 벌꿀 향취가
그만이다. 삼키려는 순간에 밀려드는 설탕의 진저리로 입안이 마

아직도 청년인 샤토 디켐 1989년 빈티지. 신맛과 단맛이 잘 조화되어 스위트 와인이지만 거짓말처럼 그리 달지 않다. 신맛이 단맛의 강도를 누그러뜨리기 때문이며, 묵을수록 질감이 엷어지기에 단맛의 정도가 덜 느껴지는 탓도 있다.

비릴 것 같다는 두려움도 잠시뿐, 이내 침과 함께 넘어간 당분이 이번에는 산미로 되살아나서 목젖 아래로부터 독특한 향과 신선함을 몰고 올라온다. 그래서 입 전체를 적신다. 그러면 신기하게도 혀가 건조해지고 다음 잔을 청하는 자신을 발견한다.

디켐은 숙성 분야에서 세계 챔피언이기도 하다. 어떤 와인보다도 오랫동안 저장할 수 있다. 빈티지가 좋을 경우에는 보통 50년에서 75년 정도 숙성한다. 2005년산도 여기에 해당한다. 요즈음에도 가끔 외국 언론에서는 19세기의 디켐을 시음한 후 그 맛의 대단함을 표현한 글이 실린다.

프랑스 영화 중에 '넬리와 아르노 Nelly & Monsieur Arnaud' 라는 영화가 있다. 그 영화에서, 아르노는 넬리를 레스토랑으로 데려가서 사은의 뜻으로 미리 준비한 디켐을 대접한다. 힘든 일을 마무리하고 나누는 와인, 혹은 생명의 은인에게 대접하는 와인으로 디켐이 제격이지 않을까 하는 생각을 나는 그때 처음 하게 되었다.

서양에서는 흔히 감사의 표시로 선사하는 것이 초콜릿이다. 그 초콜릿의 최상위급으로 샤토 디켐을 바라보면 어떨까!

당분 함유로
등급을 나누는 독일

독일은 영원한 프랑스의 맞수다. 레드에서는 프랑스가 강하지만, 화이트에서는 독일도 만만치 않다. 프랑스의 동부지방 알자스의 와인문화는 독일을 빼다 박았다. 역사적으로 문화적으로 파리와는 너무 거리가 멀고, 라인강 문화와 아주 유사하다. 화이트의 개성과 품질 면에서 오래 전부터 세계 최고 반열에 올라 있는 독일 와인은 그 위상에 걸맞지 않는 오해로 늘 시달린다. 그것은 바로 와인 맛이 너무 달다는 것이다. 대표 품종 리슬링뿐만 아니라 게뷰르츠트라미너, 실바너, 쇼이레베 등의 청포도로 무조건 달게 만든다고 알고 있다.

독일 당국은 이런 오해를 살만한 행동을 많이 했다. 와인의 등급을 구분하는 기준을 보면, 프랑스, 이탈리아, 스페인 등이 모두 비슷한 제도를 시행하고 있다. 이른바 원산지 개념인데, 전통과 실질이 부합되는 원산지를 선정하고 그 경계 내에서 약속된 방식으로 양조된 와인은 해당 원산지 이름을 라벨에 새길 수 있는 것이다. 보르도 혹은 샴페인, 바롤로 혹은 모스카토 다스티처럼 말이다. 하지만 독일은 원산지 개념보다는 포도 당분의 함유량으로 등급을 나누었다. 포도알이 많이 익으면 익을수록 높은 등급을 받는 시스템인 것이다.

우리에게 잘 알려진 아이스바인은 정점 바로 아래 위치하는 높은 등급인데, 국가의 최고 등급 와인이 아주 달다는 이미지만 주고 있는 것이 독일 와인의 문제점이다. 그러니 특히 레스토랑에서는 디저트 순서를 제외하고는 독일 와인을 좀처럼 주문하지 않는다. 달고 단 와인에 어떤 음식이 어울리겠냐면서.

하지만 사실 독일 와인은 단 것보다는 달지 않은 게 더 많다. 그러나 독일 와인등급이 복잡하고, 철자도 길고, 독일어 자체의 생소함과 난해함이 더해져서 선택하기 가장 힘든 와인이 되었다.

그러나 독일 와인의 장점도 있다. 대부분의 생산자들이 새 오크통을 사용하지 않는다. 여러 번 사용한 오크통을 써서 포도즙의 특징만으로 와인을 만들려고 한다. 이는 새 오크통의 효과를 크게 활용하는 프랑스 화이트와 크게 구분된다.

에곤 뮐러의 지하 셀러(위), 샤르츠호프베르그 산에서 내려다본 에곤 뮐러 양조장 건물. 보르도 샤토의 풍모와 별반 다르지 않다.

또한 실제로 음식과의 궁합도 좋다. 2007년 와인의 고장 비스바덴의 레스토랑 엔테Ente에서의 일이다. 그곳은 세계적으로 권위 있는 레스토랑 가이드인 〈미슐랭 가이드Michen Guide〉의 별을 하나 가진 곳인데 특히 오리요리가 유명하다. 내가 선택한 와인은 화이트였다. 에곤 뮬러 카비네트였는데, 오리의 지방과 고기에 무척이나 잘 어울렸다.

독일 최고의 포도밭은 거의 대부분 강변에 포진한다. 남향의 언덕에 조성된 것을 제일로 친다. 라인강의 지류인 자르강가로 가면 예외다. 자르강은 모젤강으로 연결되는데, 특이하게도 북으로 흘러 남향 언덕을 조성하지 못한다. 이 지역은 지도상으로 보면 룩셈부르크가 훨씬 가깝다. 한 시간만 뜀박질하면 닿는다.

자르강 최고의 포도밭은 샤르츠호프베르그이다. 강에서 좀 떨어진 남향 언덕이다. 예외 없이 남향 언덕이 최고다. 정확하게 따지자면 5시 25분 방향이다. 여기서 만드는 와인 에곤 뮬러는 자타가 인정하는 독일의 대표양조장이다.

독일의 대표 양조장
에곤 뮬러

독일 스위트 화이트의 최고봉은 '에곤 뮬러'다. 현세대에서만 인정받는 게 아니라, 지난 세기 아니 그 전 세기부터 대단한 와인으로 평가받고 있다. 매년 양조장이 위치한 고장에서 실시하는 경매에

2009년 빈티지 시음을 모두 마친 후에 에곤 뮐러는 더 이상 시음하지 말고 이번엔 그냥 마시라며 1990년 빈티지의 카비네트를 잔에 부었다.

서 에곤 뮐러의 최고급와인은 최고가로 낙찰된다. 최고 등급 트로켄베렌아우스레제는 1병이 4000유로로 2009년에 낙찰되었다.

샤르츠호프베르그는 소테른처럼 보트리티스의 축복 세례를 받는 곳이다. 샤토 디켐처럼 포도알에 귀부 곰팡이가 기승을 부려 흉물스럽게 포도를 일그러뜨린다. 그러나 이곳을 샤르츠베르그와 헷갈려선 안 된다. 거기는 이 지역 전체의 이름이면서 포도밭으로는 일반급에 지나지 않는다.

에곤 뮬러 양조장은 일찍이 1797년부터 가족경영으로 이어 오고 있다. 1789년 프랑스 대혁명 이후 프랑스군은 독일 라인강 지역까지 접수했다. 이후 나폴레옹의 교회재산의 세속화 정책에 따라 수도원과 부속 포도밭은 경매 처분되었는데, 1797년에 요한 야곱 코흐가 낙찰 받았다.

그의 사위 펠릭스 뮬러가 1829년부터 이 장원을 건축하기 시작해, 1880년에는 에곤 뮬러 1세가 가족 재산을 되찾았고, 이후 계승되어 1959년생인 에곤 뮬러는 4세가 된다. 지금 청년인 그의 아들은 에곤 뮬러 5세다. 그 집 개 이름도 에곤이고, 4세의 두 명의 형제들 이름에도 에곤을 붙였다. 아버지 즉 3세 생각에 누가 물려받을지 모르기 때문에 어쨌거나 아들 이름을 모두 에곤이라고 지었다고 한다.

굽이치는 모젤강 브렘 마을의 산봉우리 칼몽Calmont에 조성된 포도밭은 독일에서 아니 세계에서 가
장 가파른 포도밭이다. 경사 65도의 칼몽을 담기 위해 내가 챙겨갔던 것은 담력 밖에 없어, 훗날 광
각 렌즈를 가지고 다시 한번 찍으러 올라갈 생각을 하니 아찔하다.

8헥타르의 샤르츠호프베르그와 그 외의 포도밭을 합쳐 약 12헥타르의 규모로 매년 약 7만 병을 생산한다. 품종은 98%가 리슬링이다. 샤르츠호프베르그에는 2차 세계대전 당시 미공군기가 추락하여 밭의 일부가 망실되었지만 일부는 수확이 가능했다. 또한 미국에서 건너온 필록세라에 의해서도 일부 밭이 황폐화되었지만 일부는 남았다. 아직도 필록세라 이전 시대의 클론들이 3헥타르 면적에서 여전히 경작되고 있다. 1945년 가을에는 전투기의 영향과 관리 소홀 탓에 약 1000병 정도 병입했다.

독일에서 이름 있는 양조대학교 가인젠하임 출신인 4세는 샤르츠호프베르그는 스위트 버전이어야 땅속의 맛을 표현한다고 말한다.

《독일 와인 가이드The guide to German wines》의 저자 조엘 페인도 '스위트 와인 카테고리에서 독일 내에서는 이보다 더 진전시킬 생산자를 찾기 어렵다'고 기록하고 있다.

조엘 페인의 저서에는 계속해서 질문한 내용이 서술되어 있다. 왜 드라이 리슬링은 만들지 않느냐고 묻는다면, 1989년이 마지막 드라이 슈페트레제였다고 말할 수 있다고 답한다. 에곤과 그 가족들은 한결같이 드라이보다는 스위트 리슬링이 훨씬 좋다고 믿는다.

샤르츠호프베르거에서는 보트리티스의 맛을 보여야 좋다고 믿는다. 그들의 열정은 귀부 와인이다. 아우스레제급만 되어도 폭발하는 탄력을 느낄 수 있다. 그렇다고 에곤 뮬러 4세가 드라이 리슬링을 완전히 포기한 것은 아니다. 드라이 리슬링은 처가 친척들의 포도밭이 있는 슬로바키아에서 생산한다. 사실 에곤 뮬러의 드라이 스타일 수준은 별로 평가를 받지 못해왔지만 2002년과 2003년 빈티지의 슬로바키아 리슬링은 다른 생각을 갖게 만들었다고 조엘 페인은 말한다. 디켐 역시 드라이 화이트를 생산한다. 'Y'라는 이름으로 병입한다. Y는 Yquem의 머리글자이다.

샤토 디켐에서 만드는 드라이 화이트 Y. 귀부 와인의 찬란한 이름 소테른에서 생산하지만 달지 않기 때문에 소테른 대신 보르도란 원산지명을 달고 태어난다.

샤토 디켐
그리고 에곤 뮐러

  샤토 디켐과 대등한 수준의 와인을 고른다면 아우스레제급 이상이어야 한다. 그래야 귀부 곰팡이의 작용을 제대로 비교하게 되는 것이다. 에곤 뮐러의 아우스레제는 매년 약 5000병 정도밖에 생산되지 않으며, 이보다 더 당도가 높은 베렌 아우스레제나 트로켄베렌 아우스레제는 빈티지가 허락해야 조금 담글 수 있다. 그러니 디켐의 평균 생산량 11만 병에 비하면 이곳은 아무것도 아니다. 그러나 맛과 향기만은 뒤지지 않는다. 에곤 뮐러 4세의 생년이기도 한 1959년 트로켄베렌 아우스레제는 20세기를 대표하는 와인으로도 꼽힐 정도다. 그는 이 점을 아주 든든하게 여긴다. 사실 두 형제가 다 은행원이라 돈은 자신이 제일 못 번다고 말하는 에곤 뮐러 4세는 마음속으로는 그리 낙담하지 않는다. 지하 깊숙이 저장되고 있

에곤 뮐러 양조장의 지하 연결통로.

는 1959 빈티지 와인병 수를 감안하면 자신이 더 부자일지도 모른다고 믿기 때문이다.

에곤 뮬러는 또한 알코올 도수가 낮아도 아주 오랫동안 숙성할 수 있다. 카비네트, 슈페트레제는 10~25년, 아우스레제 이상이면 50년, 100년까지 숙성할 수 있다. 디켐의 도수 13.5%에 비해서 턱없이 도수가 낮지만, 숙성력에 대해서는 침해받지 않는다. 왜냐하면 샤르츠호프베르그 포도밭의 미세기후가 리슬링의 진면모를 모두 다 와인으로 치환하기 때문이다. 특히 강력한 산도는 숙성력을 뒷받침하는 든든한 기둥이다. 이런 산도는 당분으로 가려져 있어 맛으로는 조화롭게 다가온다.

양조상의 특징으로는 발효작업이 무척 늦다는 사실이다. 10월 말이나 11월초까지 기다려서 수확한다. 양조장으로 포도를 운반하면 그 때에는 기온이 몹시 낮다. 그래서 캐스크의 크기도 작은 편이다. 발효는 10헥토리터, 즉 1000리터 캐스크에서 한다. 그러니 여러 캐스크가 필요하며, 특정 캐스크 와인이 뛰어나면 다른 캐스크와 섞지 않고 독립적으로 병입하여 따로 구분한다. 아우스레제급 이상의 와인은 모두 캐스크별로 양조한다. 700킬로그램의 포도를 담은 용기에서 보통 15리터 즉 20병 정도를 생산한다.

루이뷔통이 소유하는 디켐처럼 에곤 뮬러 역시 일반 대중을 위한 와인은 아니다. 와인사회 내부자들을 위한 와인, 와인 심미주의자를 위한 와인이다. 오직 품질과 전통 그리고 철저한 고급화 전략으로 오늘날 각각 그 나라를 대표하는 스위트 와인이 되었다.

아홉 번째 대결.

드라이 화이트의 매력은 본능적인 스위트 화이트의 단맛과는 다르다. 와인세계에서 드라이 화이트는 순수하고 투명한 맛이며, 우아하고 산뜻함이 생명이다.

몽트라쉐 VS. 켈러

Montrachet vs. Keller

9. 드라이 화이트의 대결,
몽트라쉐 VS. 켈러
Montrachet vs *Keller*

드라이 화이트의 라이벌 역시 프랑스와 독일의 대결이다. 스위트 부문에서의 라이벌 관계가 언제 드라이까지 확대되었는지 의아해 할 수 있겠지만, 금세기 들어 독일의 드라이 화이트는 혁명적인 성장을 하고 있다. 화이트의 지존, 프랑스의 몽트라쉐에 필적할만한 후보로는 독일의 켈러를 추천한다.

드라이 화이트의 매력은 본능적인 스위트 화이트의 단맛과는 다르다. 드라이는 말 그대로 달지 않지만, 이렇게 말해서는 도저히 그 참맛을 표현할 수 없다. 모차르트의 피아노 음악을 그저 좋다고만 한다면 그 음악이 어떤 것인지 도무지 이해할 수 없는 것과 같은 이치다. 와인세계에서 드라이 화이트는 순수하고 투명한 맛이며, 우아하고 산뜻함이 생명이다. 미네랄이 풍부하고 섬세한 질감이 입안에서 씹히는 것 같은 묘한 복합미까지 갖춘 맛을 최고의 드라이 화이트에서 찾을 수 있다.

가장 뛰어나고 맛있는
그랑 크뤼급 몽트라쉐

히치코크의 1954년도 영화 '이창'에서 주인공이 '훌륭하고 대단한 와인great big glassful'이라고 표현한 몽트라쉐는 사실 문학 세계에 더 일찍 데뷔했다. 알렉산더 뒤마는 와인세계에서 삼총사만큼 유명한 몽트라쉐를 "몽트라쉐를 마실 때에는 모자를 벗고 무릎을 꿇어라"라고 극찬했다.

현실 세계에서도 몽트라쉐는 위세를 떨친다. 몽트라쉐는 프랑스에서 아니 전 세계에서 가장 유명한 드라이 화이트이다. 강건하고 육중한 질감은 웬만한 레드 못지않다.

진하고 풍부한 청포도 향기에다 새 오크통에서 비롯되는 강한 바닐라 향취가 잘 혼합되어 얼굴은 마시기 전부터 향기로 뒤덮인다. 한입 머금으면 상큼한 아로마가 입천장까지 곧장 달려와 그 속도에 놀라며 그 질감이 무척 굵고 풀 바디하다는 것에서 한 번 더 놀란다. 입안을 무겁게 장악하고, 오랫동안 그 향내를 유지하며 삼킬 때의 그 도톰함이란 참 잊기 힘들 정도다.

설레는 마음으로 가방을 꾸리며 떠나는 부르고뉴 기행은 스테이크를 먹을 때 맛을 돋우는 디종 소스의 고향 디종에서 시작하면 좋

부르고뉴의 이름 난 포도밭은 사진처럼 돌담을 쌓아 주변과 구별된다.

다. 디종행 테제베_{고속열차}에서 내려 렌터카로 갈아탄다. 곧장 74번 국도를 타고 남쪽으로 내려가면 황금빛 벌판 부르고뉴가 펼쳐진다. 오른쪽을 보면 명산지가 줄지어 있음을 발견한다.

18세기 말 나폴레옹은 군대로 하여금 프랑스의 위대한 유산을 목격하고 전투 사기를 고취하게끔 이 길을 자주 지났다고 한다. "우로 봐"라는 인솔 장교의 구령에 맞춰 군인들은 힘껏 사기가 올랐을 것이다. 바라보는 거기엔 누구나 소망하는 샹베르탱, 클로 드 부조,

로마네 콩티, 몽트라쉐 등 최고급 포도밭들이 즐비하기 때문이다. 프랑스의 자존심과도 같은 부르고뉴의 우수한 포도밭들은 돌담을 쌓아 그 지층을 보호한다. 몽트라쉐도 그렇고 로마네 콩티도 그렇다. 이곳들을 '그랑 크뤼'라고 하는데 최고의 포도밭이라는 뜻이다.

수확하기 전부터
다 팔리는 귀한 몽트라쉐

1728년 수도원장 클로드 아르노1695-1770는 부르고뉴의 상황 Dissertation on the situation of Burgundy이란 글에서 다음과 같이 주장했다.

그러면서 그는 몽트라쉐의 희소성과 가격에 대해서도 글을 남겼다.

"몽트라쉐는 프랑스에서 가장 뛰어나고 맛있는 화이트이다. 그 맛은 라틴어나 프랑스어로 표현할 수 없는 부드러운 특질을 지닌다. 나는 예닐곱 번 마신 적이 있어 그 섬세함을 체험하였다."

"몽트라쉐는 항상 수확 전에 다 팔리고, 아주 비싸고 귀해서, 그 와인을 얻으려면 미리 준비해야 한다."

잰시스 로빈슨의 《옥스퍼드 컴패니언 투 와인Oxford companion to wine》에는 몽트라쉐의 가격에 대해 디종 대학의 라발 교수가 언급한 내용을 소개하고 있다. 라발은 1855년 저서 《코트 도르의 역사와 통계학The history and statistics of the Cote d'Or》에서 몽트라쉐를 최고의 화이트 포도밭으로 지정했다. 그의 등급 분류는 사실 보르도 메독의 분류에 큰 자극을 받아나온 결실이지만, 오늘날 부르고뉴 와인등급 체계의 근간을 이루고 있다.

포도밭 품질을 기준으로 그가 나눈 '그랑 크뤼' '프레미어 크뤼'의 명세가 오늘날 부르고뉴 원산지 분류의 기초를 이루고 있다. 부르고뉴 전체 지방의 화이트를 만드는 포도밭들 중에는 유일하게 뫼르소 페리에르만이 몽트라쉐와 어깨를 나란히 할 뿐이다.

몽트라쉐를 특별하게 만드는 생산자

몽트라쉐는 샤르도네 100%로 만든다. 미국이나 호주 같으면 라벨에 샤르도네라고 하겠지만, 프랑스에서는 몽트라쉐

DRC의 몽트라쉐(위),
도멘 자크 프리외의 몽트라쉐(아래)

최고의 화이트 포도밭 몽트라쉐는 전체 면적이 8헥타르도 안 되며, 거기다가 열여덟 생산자가 분할 소유하고 있으니 생산자별 소유 면적은 정말 작다. 다 합쳐도 겨우 4만 7000병 정도.

라고 한다. 포도이름보다는 포도밭 이름을 중시하기 때문이다. 몽트라쉐는 일정한 면적을 지니므로 몽트라쉐라고 해서 다 같은 몽트라쉐가 아니다.

오그 만디노는 저서 《위대한 상인의 비밀》에서 "아무리 공정하게 성문화된 법이 있다 해도, 그것만으로는 단 한 건의 범죄도 예방할 수 없다. 내가 이런 두루마리를 가지고 있다 해도 그것만으로는 단 한 푼의 돈을 벌 수도, 단 한마디의 칭찬을 들을 수도 없다"

고 설파했는데, 그의 주장을 몽트라쉐에도 적용할 수 있다. 몽트라쉐라고 해서 다 같은 몽트라쉐가 아니다. 누가 생산하느냐가 실로 중요하다.

포도밭 몽트라쉐는 8헥타르에 못 미치는 구역이다. 몽트라쉐는 풀리니 마을과 샤산느 마을에 걸쳐 있다. 오래 전부터 유명세를 떨친 몽트라쉐 포도밭은 마을의 황금알이었기에 1879년 풀리니 마을은 마을 이름에 몽트라쉐를 병기하기로 의결하여 오늘날 풀리니 몽트라쉐가 되었다. 샤산느 몽트라쉐도 마찬가지다. 두 마을은 사이좋게 반반씩 몽트라쉐를 소유하고 있다. 몽트라쉐는 18명의 소유자에 의해 분할 소유되고 있지만, 소작 생산자까지 합하면 브랜드가 24개나 되기 때문에 몽트라쉐 라벨도 현재 24가지가 된다. 그러니 잘 골라야 한다.

몽트라쉐의 최고 생산자는 로마네 콩티 소유회사인 DRC: Domaine de La Romanee Conti이다. DRC는 약 0.67헥타르를 소유하여 매년 3000병 정도 생산한다. DRC와 마주 보고 있는 부샤르는 약 0.89헥타르의 규모로 5000병 정도 병입한다. 그러니 몽트라쉐는 희소성의 원칙이 적용되는 와인이다. 생산자별로 수천 병 남짓 만든 와인이 전 세계 컬렉터를 자극하기에 가격은 엄청나다. 보르도의 샤토 마고가 매년 25만 병 정도 생산되는 것을 비교하면 그 희소성을 쉽게 짐작할 수 있다.

샤르도네는 산도가 상대적으로 적어 보트리티스 즉 귀부 와인을 만드는 곰팡이를 걱정할 필요가 별로 없다. 몽트라쉐의 샤르도네 역시 마찬가지다. 몽트라쉐의 토양은 얇은 표토층 아래로 석회암 지대가 형성되어 있다. 해발고도 250~270미터의 경사 10도로 완만한 구릉에 놓인 몽트라쉐 토양은 배수가 좋고, 퇴적물질로 인한 광물성 자양분이 많고, 볕을 잘 흡수하여 샤르도네에 좋은 역할을 한다. 특히 석회석 지대는 청포도에 활기를 불어넣는다. 그러니 양조장 주인들은 늦가을까지 수확을 기다리면서도 보트리티스 걱정은 덜 할 수 있다. 네델란드인 거트 크룸의 저서 《도멘 로마네 콩티 *Le Domaine de la Romanee Conti*》에는 DRC의 공동경영자 오베르 드 빌렌느의 수확에 관한 체험이 기록되어 있다.

"1990년 이후로 되도록이면 아주 늦게 수확하려고 한다. 그리하여 풍족함과 풍성함을 얻는다."

생산자에 따라서는 몽트라쉐가 그리 대단하지 않을 수 있다. 잎사귀가 둥글게 말리는 병충해의 피해 때문에 포도가 제대로 여물지 않아서도 그렇고, 바닐라 향내가 너무 강해서도 그럴 수 있다. 몽트라쉐의 풍부한 질감과 향기는 새 오크통에서 강화된다. 어떤 이는 바닐라 향취에서 오는 미끈한 질감과 풍만한 감촉이 샤르도네의 인공적인 혹은 가식적인 아름다움이라 느낄 수 있다.

샤르도네의 최고의 장점은 적응성이다. 거트 크룸은 계속해서 "샤르도네는 자연환경에 잘 적응한다. 이 성격으로 인해 전 세계를 손아귀에 넣게 된다. 세계에서 가장 많이 재배되며 샤르도네 자체가 거대한 브랜드가 되었다. 그래서 포도밭에서 최대한 수확을 많이 함으로써 개성을 잃게 되었으며, 그걸 만회하려고 양조장에서 여러 테크닉에 의해 성격이 인공적으로 조성되었다. 오늘날 품질을 최고로 여기는 양조장에서만 샤르도네의 매력을 느낄 수 있을 뿐이다"라고 말했다.

독일 화이트의
걸작 켈러

〈독일 와인 가이드〉를 펴내고 있는 조엘 페인은 스페인 말라가에서 열렸던 한 와인 세미나에서 샤르도네와 리슬링의 차이를 비유로 풀어 설명했다. 그 차이는 마치 석고와 대리석의 차이라고 말했다. 마음껏 주물러 원하는 모양대로 다 빚을 수 있는 석고는 오크통에 기대는 샤르도네 같고, 고통스럽게 깎고 또 다듬어야 겨우 모양을 갖추는 대리석은 오로지 포도성분에만 의지하는 리슬링 같다고 하면서 미켈란젤로 같은 독일 현대 양조가들이 리슬링을 걸작으로 만든다고 주장했다. 그가 손꼽는 이 중에 켈러 Keller가 있다.

세계적인 와인평론가 잰시스 로빈슨은 "독일 드라이 화이트가 얼마나 대단한지 하나를 꼽으라면 난 켈러를 추천한다. 그 와인은 매년 더 좋아지고 있다"라고 말했다.

독일의 명산지는 라인강에 몰려 있다. 토마스 만의 소설《펠릭스 크룰의 고백》에는 라인 계곡의 아름다움이 잘 표현되어 있다.

"풍토로 보나 기후로 보나 험준한 맛 하나 없이 온화하며, 도시와 촌락이 허다하게 들어앉아 즐거운 삶을 영위하는, 생각하건대 인간이 자리 잡은 이 땅 위의 가장 쾌적한 곳의 하나인, 저 복 받은 지대가 나를 이 세상에 나오게 해주었다. 이곳에는 라인 밸리 산맥이 거친 바람을 가로막아 주며, 한나절 태양을 받아가며 복되게 이곳저곳에 흐트러져서 그 이름만 들어도 주객들의 마음이 즐거워지는 유명한 도시들이 번영하고 있으니, 바로 이곳에 라우언타일, 요하니스베르그, 뤼데스하임이 자리 잡은 곳이요, 또한 이곳에 도이치 제국의 영광스러운 건국 1871년 후 불과 몇 년 되지 않아 내가 세상의 빛을 보게 된 신성한 소도시가 있는 것이다."

소설의 대목처럼 라인강 일대의 풍광은 기가 막히다. 남향이라서 하루 종일 해가 들어오는 강변 카페에 앉아 흐르는 강물에 쏟아지는 빛에 와인과 음식을 말아 먹노라면 이보다 더 큰 호사가 없는 듯하다.

와인의 영화로 보면 독일도 프랑스에 뒤지지 않는다. 리슬링의 영광은 찬란했다. 스티븐 브룩이 쓴《와인백년A century of wine》에서 독일 와인의 영광이 명백하게 증명된다. 세계에서 가장 오래된 와인 가게 'BBR'의 1896년도 가격표가 등장하는데 거기에는 보르도의 맹주 샤토 라피트 로쉴드 1878 빈티지가 140실링이고 독일 루데샤이머 힌터하우스 1862 빈티지는 200실링이다.

이외에도 라피트보다 비싼 와인이 몇 개가 더 보인다. 빌헬름 1세와 빌헬름 2세로 대변되는 '독일의 아름다운 시절₁₈₇₁₋₁₉₁₈'에는 독일 와인이 최고가였다. 그때는 산업화의 시기, 번영의 시기여서 독일 최고급 리슬링에 대한 수요가 대단했다. 베르사유에서 대관식을 통해 독일제국의 기상을 알린 이후로 리슬링은 계속해서 최고의 와인이 되었다. 파리 최고급 레스토랑에서도 제일 비쌌다. 하지만 아름다운 시절은 길지 않았다. 세계대전을 연이어 패한 후 독일은 잠복기에 들고, 와인 역시 자취를 감추고 만다.

윤이 나지 않는 라인헤센에서
빛나는 양조장 켈러

독일 와인산지 중에서 켈러 양조장이 있는 라인헤센만큼 윤이 나지 않는 곳도 없다. 그래서 오페라 '니벨룽겐의 반지'의 무대가 되었을까? 라인헤센은 오랫동안 조명받지 못하는 음습한 곳이었다.

라인헤센은 1960~1970년대 엄청 쏟아내던 저급한 와인들의 고향으로 알려져 있었다. 주로 실바너나 뮐러 트루가우로 비싸지 않고 일반적인 저그 와인을 만들었다. 여기는 독일 모젤이나 라인가우처럼 급경사가 아니라 오히려 프랑스의 부르고뉴처럼 완만한 지대에 자리 잡고 있는데, 리슬링은 당시 5% 남짓밖에 되지 않았다.

DRC 몽트라쉐만큼이나 인기 높은 몽트라쉐를 만드는 도멘 르플레브의 성주 안느-클로드 르플레브Anne-Claude Leflaive. 그녀는 비오디나미농법의 열렬한 옹호자다.

라인강 기슭에 가까운 니어슈타인이나 오펜하임 같은 마을만이 비교적 우수한 리슬링을 양조하는 곳으로 알려져 왔으며 라인헤센의 중심으로 평가되어왔다.

클라우스 피터 켈러는 이런 강줄기 언덕 바깥에 자리 잡고 있다. 달샤임 마을과 베스토펜 마을에 포도밭을 두고 있는 이곳은 강변이 아니라 내륙이며 토양은 강변과는 아주 다르다. 즉 상당 부분이 백악질의 이회토가 노출된 분포를 보인다. 토양은 모젤의 점판암보다도 알자스 쪽에 더 가깝다. 알자스의 명 양조장 트림바흐의 포도밭 클로 생 윈느Clos Ste Hune를 연상한다.

켈러 양조장은 현재 클라우스 피터 켈러가 지휘한다. 그는 양조대학교 가이젠하임을 마치고 남아공과 부르고뉴에서 실습한 후에 아버지를 이어 2001년부터 책임지고 있다. 그의 가문은 1789년 스위스로부터 이민온 후 이곳에서 농사를 지으며 생활하고 있다. 집안은 운 좋게도 대를 이어 아들이 태어나, 오늘날까지 장손이 대를 잇고 있다. 아버지 클라우스 켈러는 80년대에 품질로써 와인 명성을 얻기 시작했다. 클라우스-피터의 부인 줄리아 역시 가이젠하임 출신이다.

클라우스 피터가 데뷔하기 전에는 주로 스위트 스타일을 양조했다. 그가 와인을 드라이 스타일로 변화시킨 데에는 독일 내부의 목소리에 귀를 기울인 덕분이다. 잔당이 함유된 화이트에 염증을 느낀 애호가들은 드라이 화이트를 갈망하고 있었으며, 그 수준이 최고이기를 더욱 원하고 있었던 때에 클라우스 피터가 등장한 것이다.

라인헤센의 달샤임이나 베스토펜, 이 두 곳은 오랫동안 와인을 양조해왔지만 무명지다. 하지만 앞으로의 역사에서는 지역에서 가장 손꼽히는 아니 독일에서 가장 세련된 맛을 주는 곳으로 기억될 것이다.

혜성같이
등장한 켈러

2007년, 존 길만John Gilman은 그의 뉴스레터 〈셀러에서 본 견해 View from the Cellar〉 11월호에서 켈러에 대해 소상하게 보고하고 있다.

켈러의 혜성 같은 등장은 포도밭 구입부터 시작한다.

중세로 가서 살펴보자. 중심도시 보름스의 교회는 당시 명산지 포도밭에서 나온 와인을 종교적인 필요로 인해 열렬히 원했는데, 오늘날 켈러가 소유하는 여러 포도밭이 바로 당시 최고 인기였던 것이다.

교회가 좋아했던 포도밭 중에는 압트세르데가 있었다. 이는 그 밭을 돌본 수도사의 이름을 딴 것이다. 12세기에 4헥타르였던 이 포도밭은 지역에서 높이 평가받았고, 보름스 주교를 위해 전량 사용되었다. 그러나 유럽이 암흑기에 돌입하면서 포도밭의 비밀은 자취를 감추고 후임자들은 포도밭에 대한 기억을 전수받지 못한다. 그러나 켈러에 의해 중세의 찬란했던 마을의 와인 수준이 오늘날 되살아났다.

켈러는 그 옛날 그 좋은 와인이 나왔던 곳을 귀신같이 찾아냈다. 켈러는 그 밭들을 언제 구입한 걸까? 라인헤센을 통째로 흔들어 깨운 발견은 놀랍게도 모두 최근에 일어났다. 그러니 켈러의 포도밭 구입은 환상적이지 않을 수 없다.

1999년에는 키르흐슈피엘을 샀고, 이어 2001년에는 몰슈타인을 그리고 곧 이어 압트세르데 포도밭을 샀다. 클라우스-피터는 라인헤센의 유망한 구역에 대해서는 더 이상 말을 하지 않는다. 그걸 보면 틀림없이 어딘가에 중세 암흑기에 놓쳐버린 기가 막힌 포도밭이 더 있으리라.

그러나 왕년에 유명했던 포도밭을 찾았다고 해서 다가 아니다.

켈러가 오늘날 독일 최고의 드라이 화이트 생산자가 된 것은 땅을
차지하기만 해서가 아니라 세심한 포도나무 관리를 통해 옛 품질
을 회복하였다는 점이다.

켈러를
회복하기 위한 노력

2007년 켈러를 찾았을 때 그는 14년 묵은 즉 빈티지 1993년의 메
르세데츠를 몰았다. 40만 킬로를 갓 넘기고 있었는데, 아마도 지금
까지 그 차를 타고 다닐 것 같다. 그는 매일 아침 일곱 시가 되면 영
락없이 포도밭에 있다. 빼어난 테루아를 지닌 중세 명산지를 획득
한 이후에 매일 거듭되는 작업 속에서 그는 포도나무의 재배가 와
인품질을 보장한다는 확신을 얻었기 때문이다. 가지에서 나오는
송이 수를 제한하고, 송이가 완숙되기 전에 반을 제거해 송이의 크
기도 제한하고, 잎사귀의 수를 제한하여 광합성을 늦추고, 그럼으
로써 오랫동안 서서히 포도가 익게 한다. 다뉴브 강가의 오스트리
아산 화이트 명주들의 도수가 14도를 웃돌지만, 켈러의 리슬링은
높아야 13.2도이다.

세계적 경영사상가 말콤 글래드웰의 《아웃라이어》에서 주장하는
누구나 1만 시간만 투자하면 전문가가 될 수 있다는 '1만 시간 이
론'이 켈러에 적용된다. 1973년생인 켈러는 이미 1만 시간 이상을
쏟아부으며 포도재배의 달인이 되어간다. 켈러의 베스트 포도밭은

후바커 포도밭의 리슬링. 포도알이 성겨야 골고루 익어 좋은 와인이 된다.

후바커Hubacker다. 달샤임 마을에 속하며 남동향의 4헥타르 규모이고, 15도 정도의 경사지이며 토양은 황토, 양토, 이회토, 석회석으로 구성된다. 여기에 리슬링을 심고 거둔다.

리슬링의 매력은 그 맛이 무척 투명하고 순수하여 땅 속을 들여다보는 느낌이 든다는 점이다. 《와인: 마개를 딴 인생Wine: a life uncorked》에서 휴 존슨은 "리슬링은 피노 누와처럼 토양을 들여다보는 렌즈다. 리슬링은 토양과 기후 그리고 빈티지 날씨를 집어들어

·켈러 양조장의 피터 클라우스 켈러.

틀림없이 그것들을 드러낸다." 이런 리슬링이나 피노 누와의 특질
은 샤르도네 혹은 카베르네 패밀리와 곧잘 비교된다. "보르도에서
하는 것처럼 카베르네 소비뇽이나 카베르네 프랑은 혼합되어 서로
를 가린다. 피노 누와는 리슬링처럼 투명하다."

　2009년 2월에 시음단체 그랑 주리 유러피언Grand Jury European은
2005년 빈티지의 리슬링 비교 시음대회를 열었다. 독일을 비롯하
여 프랑스, 오스트리아, 호주 등의 리슬링이 한데 모였다. 영예의

최고 점수는 켈러의 후바커 2005 빈티지였다.

켈러는 "내가 원하는 리슬링은 몬스터 리슬링이 아니다. 리슬링의 고품질은 정밀함, 피네스, 광물성이다. 한 잔을 다 마신 후에 한 잔 더 원해야만 그 와인이 좋다고 믿는다." 켈러의 리슬링은 몽트라쉐처럼 오래 숙성할 수 있는 힘을 지녔다. 몽트라쉐를 사려면 1년 전부터 준비해야 한다는 선각자들의 추천처럼 이제 켈러의 후바커 혹은 키르흐슈피엘은 훗날 구하기 힘든 와인이 될 것이다.

2010년 9월 독일의 코블렌츠에서 와인경매가 있었다. 이날의 하이라이트는 켈러 와인. 켈러의 리슬링 중에서 지막스G-Max가 한 병에 약 3998유로로 낙찰되었다. 용량은 더블 매그넘으로 3리터들이였다.

이날 세 명이 각각 한 병씩 낙찰 받았는데, 그중 한 사람은 "켈러는 세계 최고 수준의 드라이 화이트다. 특히 지막스 2009년 빈티지는 DRC의 몽트라쉐에 견줄 수 있다"고 말했다.

독일의 몽트라쉐
그리고 켈러의 도약

경매회사 소더비의 와인 수장 세레나 서클리프Serena Sutcliffe는 저서 《버건디 와인Wines of Burgundy》에서 몽트라쉐를 10년 이내에 마시는 것은 '와인계의 범죄'라고 밝혔다. 병입 후에도 2~4년까지도 여전히 와인이 만들어진다고 믿는 것이다. 병 속에서 깊은 맛으로 변해서 한 10년은 돼야 마실 준비가 된다. 세레나 서클리프는 13도의 이상적인 셀러의 온도로 서브를 권한다. 그렇게 되면 꿀, 아몬드, 훌륭하게 형성된 질감의 풍부함이 나타난다고 한다. 숙성되면서 연두빛 노란색이 빛나는 금색으로 바뀌고, 시간이 지남에 따라 맛이 깊음을 더해 가고, 복합적이 된다고 한다.

몽트라쉐 양조장을 방문하면 보통 품질별로, 가격대별로, 개성별로 순차적으로 와인을 시음하는데, 그 순서는 포도밭의 품질 순서이고, 마땅히 몽트라쉐는 맨 마지막에 시음할 수 있다. 하지만 대부분의 방문자에게는 기회가 주어지지 않는다.

켈러 양조장도 역시 방문하기는 쉽지 않다. 생산량이 적으니 시음할 일도 적은 것이다. 라발 교수는 몽트라쉐의 가격에 대해서도 소신을 피력했다. "빈티지가 좋은 해의 몽트라쉐 가격은 그게 얼마든지 간에 그렇게 많이 내는 게 아닐 것이다."

화이트의 최고봉 몽트라쉐에 필적할 와인이 있을까? 그 역사, 그 지명도, 그 맛, 그리고 그 숙성력에 버금가는 걸 찾긴 어려울 것이다. 하지만 여기 후보가 있으니 바로 켈러다. 잰시스 로빈슨은 켈러의 리슬링을 독일의 몽트라쉐라고 격찬하였다. 켈러의 리슬링은 투명함, 정밀함, 우아함, 세련됨, 균형미, 미네랄을 잔뜩 가지고 있어 삼키지 않을 수 없다. 어둠 속에 갇혀 있던 석탄을 불고 닦아 다이아몬드로 변화시킨 켈러는 아직 30대다. 그가 앞으로 리슬링 연구에 수만 시간을 투자하여 '아웃라이어'로 성장해 나가는 동안 독일의 몽트라쉐가 아닌 후바커로 우뚝 설 것이다.

열 번째 대결.

이탈리아의 최고급와인이라면 누구나 바롤로를 떠올린다. 단단한 타닌 위에 장미꽃 이파리 향기가 싱그럽다. 바브바레스코는 2인자 신세였지만 안젤로 가야에 의해 오늘날 바롤로와 어깨를 나란히 하고 있다.

바롤로 VS. 바르바레스코

Barolo vs. Barvalesco

IO. 이탈리아의 대표 라이벌,
바롤로 VS. 바르바레스코
Barolo vs. Barbaresco

　　라이벌 와인처럼 라이벌 마을도 있다. 바롤로가 가진 이탈리아 최고 숙성력의 대명사라는 칭호를 그리고 그 유명세를 바르바레스코가 부러워하지만, 바르바레스코가 지닌 부드럽고 세련된 방향과 감촉은 오히려 바롤로가 부러워한다. 주로 바르바레스코에 의해 두 마을 간의 라이벌 의식이 조성되었겠지만, 바롤로 생산자들 중에는 바르바레스코가 지닌 맛의 접근성, 즉 갓 양조했을 때에도 거칠거나 탁한 구석 없이 술술 풀리는 듯한 세련되고 연한 질감의 성질을 표현하려고 애 쓰는 이들이 많다.

　　바롤로와 바르바레스코는 둘 다 오늘날 이탈리아를 대표하는 와인이지만, 한 사람이 있기 전에는 바롤로의 독무대라 해도 과언이 아니다.

바롤로의 대표 자코모 콘테르노의 몬포르티노(왼쪽)와 바르바레스코의 대표 안젤로 가야(오른쪽)

이탈리아의 최고급와인이라면 누구나 바롤로를 떠올린다. 단단한 타닌 위에 장미꽃 이파리 향기가 싱그럽다. 오래 숙성되며 확실한 입맛을 선사하고, 음식과의 궁합도 탁월하여 바롤로는 다양성의 나라 이탈리아에서도 첫 번째 손가락으로 꼽는 와인이다.

바르바레스코는 오랜 세월 동안 2인자 신세였지만, 탁월한 생산자 안젤로 가야에 의해 오늘날 바롤로와 어깨를 나란히 하고 있다.

바롤로의 최고봉이라 자타가 공인하는 쟈코모 콘테르노의 진면모를 살핀 후에 안젤로 가야가 바르바레스코를 어떻게 득세시켰는지를 알아본다.

쟈코모 콘테르노에서 생산하는
최고의 바롤로, 몬포르티노

와인의 왕이라 불리는 바롤로 중에서 몬포르티노Monfortino는 의심의 여지없이 최고의 바롤로다. 몬포르티노는 양조장 쟈코모 콘테르노Giacomo Conterno에서 나오는데 보통의 바롤로보다 2년 이상을 더 숙성하여 출시하니 바롤로 리제르바에 속한다.

우리나라로 치면 평안북도에 해당하는 피에몬테 지방 자그마한 마을 몬포르테 달바에서 1908년에 작은 선술집을 차린 뒤 그 식당용 와인을 양조하기 위해 본격적으로 와인을 만든 콘테르노 가문은 오늘날 바롤로의 전형을 확립했다는 평가를 받는다. 지금의 양조장 주인 로베르토 콘테르노Roberto Conterno는 형과 누나들이 모두

알프스 자락이 병풍처럼 감싸는 바롤로 포도밭.

도시로 나가 의사 등 전문직 일을 하기 때문에 고향에 혼자 남아 양
조장을 지킨다. 양조장의 이름 쟈코모 콘테르노는 그의 조부 이름
이다.

쟈코모Giacomo, 1895-1971는 어려서부터 아버지를 거들며 양조일을
익혔다. 그 당시에는 포도밭을 소유하지 못해서, 좋은 포도를 사서
와인을 만들었다. 그는 네비올로 품종의 속성을 꿰뚫고 있었다. 텁
텁한 타닌을 단맛이 나도록 버무려 만드는 기존의 방식에서 탈피
하여 오랫동안 발효해 잔당을 없애고 입안에서 확 퍼지는 진한 타
닌의 와인을 만들어냈다. 그는 마을에서 이름난 레 코스테Le Coste 포
도밭의 포도를 구매하였다.

1920년은 빈티지가 특히 좋아, 와인을 종전보다 더 오래 숙성하
여 바롤로를 출시하였으며, 그 이름을 몬포르티노라고 정했다. 긴
발효기간은 당시에는 혁명적인 일이었다. 네비올로의 두꺼운 포도
껍질 속에 담긴 타닌을 잘 빼내 오랫동안 숙성하면 최고의 와인이
나온다는 사실을 쟈코모는 깨달았다. 이것이 몬포르티노의 최초 빈
티지로 알려져 있다.

〈슬로우 푸드Slow Food〉도 그렇게 기록하고 있다. 이것이 벽돌집 같
이 단단하고 기운찬 바롤로의 특성이다. 이후 많은 양조장에서는
몬포르티노의 품질을 교훈삼아 양조하기 시작했다.

몬포르티노는 고향마을 몬포르테 달바에서 따온 이름이다. 강하
고 인상적인 그 맛은 당시에 큰 인기를 얻어 선술집에는 손님들이
많아졌다고 한다. 그렇다고 쟈코모가 몬포르티노를 매년 출시한

바롤로 생산자 알도 콘테르노 지하 와인박물관에 진열 중인 카라. 길다란 나무통에 바롤로를 가득
채워 통째로 팔았다.

것은 아니다. 포도품질이 뛰어난 해에만 만들었다. 그렇지 못하면
그냥 일반 바롤로만을 담글 뿐이었다. 쟈코모는 아버지를 여윈
1934년부터 1971년 숨을 거둘 때까지 37년간 21개 빈티지의 몬포
르티노만을 생산했다.

쟈코모는 품질에 전혀 타협이 없었다. 그는 아버지를 설득하여
더 이상 유리로 된 드미쟈니에다 와인을 담아 팔지 않았다. 대신 전
통적인 긴 나무통 카라carra에 담아 마차에 싣고 가가호호를 방문하

여 판매했으며 멀리 제노바와 토리노까지 직접 찾아가서 납품을
하였다. 드미쟈니에 담긴 와인은 바로 마실 목적의 짧은 수명이었
지만, 쟈코모는 나무통에 담아 오랫동안 묵혀도 되는 와인을 만들
었다.

바롤로를 만드는
꼿꼿한 전통

2004년에 작고한 로베르토의 부친 죠반니는 생전에 "나는 단 한
가지 방법으로 바롤로를 만든다. 그건 소위 구식 방법이다. 하지만
그건 내가 아는 유일한 방법이라 그것 말고는 모른다. 그것은 오직
아버지에게서만 배운 것이다"라고 말했다.

로베르토 역시 아버지에게서 배운 방식 외에는 달리 별 특별한
비법이 없다고 말하지만, 말 속에는 자부심과 고집이 스며 있다.

그것이면 충분하고도 남는다는 자랑스러운 고집으로 꼿꼿하게
전통을 숭상한 죠반니도 전통이 아니지만 받아들일 수밖에 없는
것이 있었는데 바로 스테인리스 스틸 발효통이 그것이다.

죠반니는 와인을 만드는 과정에서 수도 없이 발생하는 순간적인
와인 상태의 변화, 그 시점을 놓칠까 두려워 서늘하고 가끔은 시리
기도 한 양조장에서 날밤도 많이 샜다고 한다. 그러나 스테인리스
스틸통을 도입한 후에는 그 고통이 사라졌다고 한다. 편리하게 온
도를 잡아주고 와인 상태를 지켜주는 스테인리스 스틸 발효통 덕

바롤로 생산자들은 포도밭별로 와인을 만들기 때문에 스테인리스 스틸로 된 발효통들이 용량별로
필요하다.

분에 부족한 잠을 보충할 수 있어 좋아했다고 한다.

죠반니는 와인 찌꺼기를 일체 거르지 않으며 정제하지도 않았고, 지금도 그렇게 만든다. 포도를 따서 담는 통도 아직까지 나무통을 쓴다. 이유를 물으니 포도냄새가 안 배니 품종 간에 섞이더라도 좋고, 또 세척할 필요도 없다고 했다. 콘테르노의 수확은 그래서 플라스틱 통으로 이뤄지지 않는다.

1974년에는 그토록 바라던 자기 포도밭을 얻었다. 14헥타르의 면적에 네비올로, 바르베라 등을 가꾸고 있는데 이 밭에서 거둔 1978 빈티지가 자기 밭 최초 빈티지가 된다. 이 와인은 현재까지 출시한 몬포르티노 가운데 최고로 꼽힌다. 로버트 파커가 격월간 발행하는 〈와인 애드보킷〉에 의해 1978 빈티지는 100점을 받은 적도 있고 현재는 98점을 유지하고 있다. 그 시음후기를 보면 '잊을 수 없는 와인' 이라고 기록되어 있다.

콘테르노의 포도밭 9헥타르에는 네비올로를, 나머지 5헥타르에는 바르베라를 재배한다. 몬포르티노는 9헥타르 중 2헥타르 되는 최고의 구역에서 나오는 포도로만 만든다. 이곳 이름은 카시나 프란차Cascina Francia고, 7000병에서 1만 병 정도를 생산한다.

이탈리아 와인 가이드 중 하나인 《에스프레소 와인 가이드 Vini d' Italia de Espresso》는 2008년판 출간기념으로 경매를 마련했는데, 거기서 가장 비싸게 팔린 와인이 몬포르티노다. 1990년 빈티지가 출품되었는데 입찰을 개시하자마자 많은 경쟁자들이 달려들어 결국 추정가격에서 85% 상승한 병당 가격 432유로에 낙찰되었다. 이 값은 동일 빈티지 안젤로 가야의 바롤로 스페르스 194유로보다 높으며, 1988년 빈티지 사씨카이야 177유로보다 훨씬 높다. 또한 최고의 부르넬로 디 몬탈치노 와인인 솔데라보다, 그리고 볼게리의 최고급 와인 마세토보다도 높았다.

숨겨진 바르바레스코를
발견한 안젤로 가야

한편 바롤로에서 북동쪽으로 바르바레스코가 있다. 여기의 와인 중에 'GAJA'라는 와인이 있다. '어! 가자 주류 백화점 와인인가 봐' 하고 착각하는 사람들도 있다. 라벨도 단순하고, 인쇄된 큰 문자는 '가자'라고 읽히기 때문이다. 그러나 '가자'라고 불리는 'GAJA'는 가자 주류 백화점과 전혀 관계가 없으며, 발음도 '가자'가 아닌 '가야'라고 하는 것이 맞다.

안젤로 가야Angelo Gaja는 머리를 가지런히 뒤로 빗어 넘겨서 그렇지 않아도 넓은 이마가 더 넓게 보인다. 관상을 잘 모르지만 굉장한 이마가 아닌가 싶다. 마치 천체도를 연상하게 하는 훤칠한 이마가 보는 이에게 호감을 준다.

바르바레스코는 마을 이름이자 동시에 와인 이름이다. 마을을 대표할만한 와인이라면, 그 이름을 정할 때 다른 이름보다는 차라리 마을 이름으로 한다. 그것은 마을의 개성과 함께 애착과 긍지가

안젤로 가야, 그의 단골 연설메뉴 '네비올로 vs. 카베르네 소비뇽' 편이 한번 시작되면 특유의 액센트로 "네비올로는 카베르네 소비뇽과는 달리 음식을 빛나게 하는 와인이라니까요!'라는 주장이 그치질 않는다.

반영된 것이다. 하지만 형만 한 아우가 없다고 했던가. 바르바레스코는 같은 지역에 있는 바롤로Barolo에 늘 가려진 와인이었다.

바르바레스코는 바롤로와 무척 유사한 특성을 지니지만, 차이점을 논하자면 우선 바다와 좀 더 가깝고, 포도의 탄닌이 바롤로보다 적은 편이라 껍질과 즙을 분리하기 전까지의 기간이 짧은 편이고, 생산량이 바롤로에 비해 약 35%에 이른다. 바롤로보다 좀 더 부드럽고 향이 더 풍부한 것으로 알려져 있지만, 15년 이상 숙성되면 구분하기 힘들 정도로 비슷한 맛과 향을 지닌다.

만약 안젤로 가야가 없었더라면, 와인애호가들은 아직도 바롤로는 알지만 바르바레스코는 몰랐을 것이다. 그는 숨겨진 와인 바르바레스코를 유명하게 만들어 애호가들의 쇼핑리스트에 끼워 넣은 장본인이다.

안젤로 가야의 와인철학은 이렇다. '지금 마셔도 좋고, 좀 있다가 마시면 더 좋은 와인을 만들자!' 그는 거칠기만 했던 바르바레스코의 스타일을 부드럽게 바꾸어 애호가는 물론이요, 초보자들의 마음까지도 사로잡았다.

텁텁한 바르바레스코를
오크통으로 더욱 부드럽게

사실 와인이 거칠어도 마을 사람들한테는 별 문제가 아니다. 늘 먹고 마시던 대로 하면 그만이기 때문이다. 지역에 흔한 양고기와 곁들인 바르바레스코는 지역 식당의 인기메뉴다. 기름진 양고기 살점을 씹으면서 바르바레스코를 삼키면 그 맛이 절묘하게 어우러져 와인의 타닌 성분이 기름진 고기를 맛깔스럽게 바꾼다.

그러나 바르바레스코가 지역민들이 매일 마실 수 있는 저렴한 와인이 아니라면 어쩌겠는가! 그래서 생산량이 남아돈다면? 결론은 수출밖에 없다. 하지만 수출품으로서 바르바레스코는 거칠고 텁텁한 것이 단점이었다. 가야는 이 문제를 해결하지 않고는 바르바레스코의 미래가 없다고 판단했다. 그래서 그는 지역 최초로 프랑스산 작은 오크통바릭을 사용하였다. 이를 통해 와인의 질감을 더욱 부드럽게 만들 수 있다고 생각했다.

가야는 225리터들이 오크통을 도입하였다. 바릭은 와인과 접촉하는 표면적이 캐스크보다 커서 오크 특유의 향과 타닌을 더 많이 배어나게 할 수 있다. 결과적으로 와인의 질감을 둥글게 변모시켰다. 가야의 와인을 맛본 레스토랑업자와 수입상들은 모두 품질에 만족했고, 둥글고 부드러운 바르바레스코를 소비자에게 자신 있게 권할 수 있다고 판단했다.

하지만 바릭만 사용한다고 다 능사는 아니다. 가야는 비록 자신이 그 지역에서 최초로 바릭 사용을 시도했지만, 바릭의 효과만은 줄여야 제대로 된 와인을 만들 수 있다고 주장한다. 적당한 정도의 바릭 숙성이 품질향상에 도움이 되지, 과도하게 바릭을 사용하는 것은 오히려 와인을 망칠 뿐이라는 의미다.

그래서 가야는 수년 전부터 완제품으로서의 바릭을 더 이상 사용하지 않는다. 대신 직접 바릭을 짠다. 물론 재료는 프랑스산이지만, 스스로 통을 짜는 것이다. 오크를 수입하여 3년간 비를 맞게 하고 태양과 공기를 쐬어 부드럽게 하여 거친 타닌을 오크에서 제거한 후 통으로 조립한다.

가야는 최근의 젊은 와인생산자들이 와인을 바릭에 너무 오래두거나 너무 강한 오크로 바릭을 만드는 것에 염려를 나타냈다.

"요즘 지역 생산자들은 타닌이 강한 바릭을 그대로 사용합니다. 그러면 오크의 거칠고 강한 성분이 와인에 배어 와인만의 개성이

가려집니다."

과유불급, 절제의 미덕이 진정한 바르바레스코의 맛을 결정한다
는 것을 알 수 있는 대목이다.

이탈리아 와인 인식을
승격시킨 바르바레스코

가야는 단일 포도밭 와인을 생산한다. 하지만 전통 바르바레스
코는 여러 포도밭의 포도를 섞어 다양한 토양의 특성을 와인에 표
현한 것이었다. 물론 그도 여러 포도밭에서 얻은 포도로 일반 바르
바레스코를 만들지만, 그 지역에서는 누구도 시도하지 않은 '단일
포도밭의 바르바레스코'를 만든 것이다. 그리고 이 시도로 가야는
이탈리아 와인을 순식간에 귀족으로 승격시켰다.

가야는 1967년에 소리 산 로렌조Sori San Lorenzo라는 포도밭 포도만
을 사용해 같은 이름의 와인으로 출시하였다. 다른 밭과 혼합하면
해당 밭의 특성이 제대로 발휘되기 어렵다고 판단했기 때문이다.
밭의 개성이 묻어나는 와인을 만들어 부가가치를 높이려는 그의
의도는 시장에서 큰 호응을 얻게 된다.

매년 10만 병 정도를 생산하는 바르바레스코와는 달리 단일 포
도밭 와인은 소출이 적다. 1200병 미만으로 양조되는 이런 와인은
맛과 향의 집중도가 대단하고 여운도 오래 남아 큰 인기를 누렸다.
특히 경매 시장에서는 그 희소성으로 인해 상당한 가격으로 거래

되었다. 곧 애호가들 사이에서 수집 열풍이 불었다. 가야의 소리 산 로렌조는 다른 생산자의 와인 값에 비해 3~4배 이상 비싸다. 단일 포도밭 와인으로는 이 외에도 코스타 루씨, 소리 틸딘 등이 있다.

세상이 가야가 만든 바르바레스코의 품질에 놀랐다고 하지만 정작 더 놀란 것은 그게 비싸다는 사실. 세계는 이탈리아에도 이런 비싼 와인이 있다는 사실에 놀랐다. 사실 와인애호가들은 유럽의 와인문화가 로마로부터 비롯되었다는 것과 이탈리아가 그 로마의 후계자임을 잘 알고 있지만, 정작 이탈리아 와인에는 관심이 없었다. 이탈리아의 와인이 프랑스 와인과는 차원이 다른 이미지를 가지고 있었던 셈이다.

와인의 고급화에 일찌감치 신경을 쓰고 장인정신에 입각하여 와인을 양조해온 프랑스와는 달리, 이탈리아는 생활의 한 방편 정도로만 와인을 취급했다. 그러다 보니 품종개량을 통한 우량한 품종개발이라든가 녹색수확을 통한 품질향상 등에는 별로 신경을 쓰지 않았다. 게다가 이탈리아 와인 중에서 인지도가 높았던 키안티가 신맛 일변도의 가볍고 저렴한 와인으로 수십 년 동안 양산되는 바람에, 와인애호가들에게 이탈리아 와인은 항상 그렇고 그런 와인이라는 이미지로만 남아 있었다. 로마의 적통이라는 선민 이미지는 어디에도 없었다.

하지만 이탈리아 와인이 싸구려라는 고정관념은 가야의 바르바레스코가 득세하는 동안 조금씩 사라지기 시작했다. 결과적으로 이탈리아 와인을 프랑스 와인 수준으로 격상시키는 데 가야가 한

못 단단히 한 것이다. 이후 이탈리아 와인 생산자들은 그를 벤치마킹하기 시작했다. 가야는 고향 마을 바르바레스코를 와인세계의 중심에 올려놓음과 동시에 이탈리아 와인의 이미지도 고양시킨 스타다.

일찌감치 숙성력으로 유명해진 바롤로, 안젤로 가야에 의해 바롤로 만큼의 명성을 얻게 된 바르바레스코, 이 두 마을은 네비올로 한가지로만 자연을 담금질하여 순수하고도 묵직한 이탈리아 레드 와인의 고급화를 견인하고 있다.

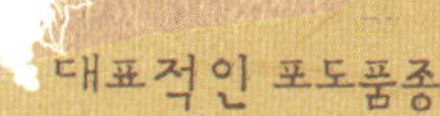

드라마 '대장금'에서 어린 장금이가 "홍시 맛이 나서 홍시라 하였는데 왜 홍시 맛이 나냐고 하시면…"이라는 대사가 있다. 어린 아이의 순진한 대답이라 할 수 있지만 이처럼 '맛'에 대해 정확하게 표현한 것도 드물듯 하다. 내게 와인 맛에 대해 물어보면 나 또한 어린 장금이처럼 말할 것이다. "와인은 결국 포도 맛이다!"

와인을 구성하는 8할은 포도라 해도 과언이 아니다. 그리고 포도가 좋아야 와인이 좋다. 포도를 달리 쓰면 와인의 맛도 달라진다. 카베르네 소비뇽으로 와인을 만들면 카베르네 소비뇽 맛이 나고, 피노 누와로 만들면 피노 누와 맛이 난다. 와인 맛을 알려면 그래서 포도 종류에 익숙할 필요가 있다.

카베르네 소비뇽 Cabernet Sauvignon

프랑스 보르도가 원산지로 검고 두꺼운 껍질에 쌓여 있으며 '검은 포도의 왕'으로 불린다. 카베르네 소비뇽은 와인 초보자도 낯익을 만큼 가장 널리 알려진 포도품종으로, 특히 레드 와인의 재료로 많이 쓰이고 있다. 수확 당시에는 거칠고 날카로운 쓴맛을 내기 때문에 카베르네 소비뇽 특유의 '왕의 자태'가 드러나지 않는다. 하지만 지하 저장고에서 10년 이상의 숙성기간을 거치면서 복합적인 향과 맛을 발산하며 위대한 와인으로 변모한다. 와인의 대표격인 레드 와인의 풍부하고 복합적인 맛과 향을 표현하는 카베르네 소비뇽은 가히 포도의 왕이라 할만하다.

메를로 Merlot

메를로는 매력적으로 진한 보랏빛 껍질을 지닌 포도로 부드러운 것이 특징. 카베르네 소비뇽보다 당분을 더 많이 함유하고 있으나 떫은맛이 나는 타닌 성분은 적다. '메를로 부인'이라 불릴 정도로 그 맛과 향이 여성스럽다. 갓 담궜을 때에도 그 맛과 향이 이해하기 쉽고 친절하며 질감 또한 부드럽고 감미로워 인기가 높다. 와인의 세계에서는 조연에 가까운 것이 메를로다. 카베르네 소비뇽에 메를로를 가미해 탄생한 것이 그 유명한 보르도 와인이라는 사실.

피노 누와 Pinot Noir

고급 레드 와인 재료로 각광받는 피노 누와는 아주 우아한 맛을 지니고 있어 '포도의 여왕'이라 불린다. 그러나 그 맛이 무척 변덕스러워 범접하기가 쉽지 않다. 프랑스 부르고뉴가 고향으로, 이곳은 강수량은 많고 일조량이 부족해서 매년 훌륭한 포도가 나오기에 좋은 조건은 아니다. 10년에 2~3번 정도 제대로 익은 포도가 수확될 정도로 재배가 까다로우며, 그 재배면적 또한 한정되어 수확량도 많은 편은 아니다. 하지만 이 '가칠하고 변덕스러운' 피노 누와가 '제대로 익었다' 하면 그야말로 환상적인 맛을 내기 때문에 와인 애호가와 재배자 모두 피노 누와를 '영원한 포도의 여왕'으로 모실 수밖에 없다.

산죠베제 Sangiovese

산죠베제는 라틴어로 '제우스의 피'라는 뜻이다. 이탈리아에서 가장 보편적인 포도로,

특별히 주목을 끌지 못하다가 몬탈치노 지방에서 '브루넬로' Brunello라는 이름의 와인으로 다시 태어나면서부터 과연 '제우스의 피' 다운 면모를 보여주고 있다. 실크 같은 질감과 꼿꼿한 타닌 그리고 적당한 산도를 지닌 산죠베제는 토스카나의 태양과 자연을 닮은 포도로 인정받고 있다.

샤르도네 Chardonnay

최고급 화이트 와인의 재료가 되는 샤르도네는 피노 누와처럼 프랑스 부르고뉴가 고향인 청포도다. 다른 청포도품종에 비해 그 맛과 향이 중립적이라 재배 및 제조 지역마다 상이한 스타일의 와인으로 태어난다. 프랑스 샤블리 지방의 샤르도네는 산도가 높고 싱싱한 과일 향이 나는 등 직설적인 데 반해 부르고뉴의 샤르도네는 섬세하고 우아하다. 가장 훌륭한 샤르도네 와인이라 인정받는 것은 뫼르소Meursault와 몽트라쉐Montrachet에서 나오는데, 오크통 숙성의 흔적이 덜 보이면서도 육중한 질감을 유지하며, 향이 무척 풍부하다.

소비뇽 블랑 Sauvignon Blanc

소비뇽 블랑은 풋풋한 풀 향기가 나는 상큼한 맛이 강한 청포도다. 같은 청포도인 샤르도네가 우아하고 섬세한 여인이라면 소비뇽 블랑은 그보다 어린 상큼 발랄한 소녀의 느낌이랄까?

소비뇽 블랑으로 만든 와인은 설익은 과일 향, 풀 향기 등이 나며 간혹 리슬링 와인과 비슷한 맛과 향이 느껴진다. 전통적으로 우수한 소비뇽 블랑 와인은 프랑스에서 생산되는 르와르, 상세르, 뿌이 휘메 등을 꼽을 수 있고, 최근에는 뉴질랜드 소비뇽 블랑 와인이 신세계 화이트 와인 중 최고로 여겨진다.

화이트 와인 재료인 청포도 세미용의 원산지는 프랑스 서남부 지역으로 알려져 있다. 따라서 프랑스 내에서 이 포도품종을 쉽게 발견할 수 있는 곳은 보르도와 인근에 있는 배르즈락Bergerac이다. 자갈 및 석회질 토양에서 잘 자라고 감미로우며 신맛이 거의 없는 것이 특징이다.

프랑스 스위트 와인에 쓰이는 세미용은 화이트 와인의 숙성 과정을 그 빛깔의 변화를 통해 알려주는 것으로 유명하다. 세미용으로 담근 와인은 처음에는 반짝이는 투명한 지푸라기 색에서 진화를 거듭하면서 점점 진한 색을 띠다가 나중에는 아예 갈색으로 바뀌는 기적을 일으킨다. 세미용의 껍질이 귀부 곰팡이의 공격으로 벌어져 포도알의 수분이 빠지면 포도는 흉측한 모양으로 변한다. 이처럼 '박씨 부인' 같던 세미용이 나중에 달디 단 화이트로 변신하여 애호가들이 잊지 못하는 톡 쏘는 벌꿀 향 가득한 '귀부 와인'으로 화려한 변신을 하게 되는 것이다.

Tip 귀부 와인이란?

껍질이 얇은 청포도품종인 세미용이 습한 기후에서 자라면서 곰팡이의 침입을 받게 된다. 이때 곰팡이의 공격을 받는 것을 귀부병에 걸렸다고 표현한다. 보트리티스 씨네레아Botrytis Cinerea라고 하는 귀부의 침입을 받은 세미용은 점점 수분이 빠져나가면서 흉하게 쭈그러든다. 이런 현상이 지속될수록 포도의 당분이 올라가게 된다. 이때 곰팡이로 인해 많이 쭈그러든 포도만 수확하여 만든 와인이 귀부 와인, 즉 스위트 와인이다.

독일 와인의 자존심, 리슬링만큼 다양한 스타일의 와인을 만드는 포도가 어디 있으랴. '천의 얼굴'을 가진 청포도인 리슬링은 깔끔한 드라이한 맛에서부터 새콤달콤한 맛, 디저트를 대신할 단맛까지 다양하게 탈바꿈하는 변화무쌍한 모습을 지녔다. 라인 강변을 따라 퍼져 있는 리슬링의 원산지는 지금도 최고로 꼽히며, 이곳에서 수확한 리슬링으로 담근 리슬링 와인은 전 세계적으로 인기가 높다. 현재 리슬링은 많은 나라에 두루 퍼져 있지만 리슬링 와인이라면 여전히 독일의 리슬링이 최고다. 누구나 다 맛있다고 인정하는 아이스 와인의 원조는 독일 아이스 바인Eiswein임을 잊지 말자.

Tip 아이스 와인이란?

영어로는 아이스 와인Ice wine, 독일어로는 아이스 바인Eiswein이다. 말 그대로 포도가 얼었을 때 수확한 것으로 만든 와인이다. 포도가 얼면 물 성분만 얼어붙고 당분은 얼지 않고 과즙만 남게 되는데, 여기서 나온 당도가 매우 높아 와인을 만들면 달콤한 와인이 된다. 아이스 와인을 만드는 데 사용되는 품종은 리슬링이 대표적이며 그밖의 화이트 와인을 만드는 청포도품종들이 사용된다. 캐나다에서는 레드 품종인 카베르네 프랑Cabernet Franc, 피노 누와Pinot Noir 등을 사용해 아이스 와인을 만드는 경우도 있다. 아이스 와인은 수분의 대부분을 얼음으로 버리고 농축과즙으로 만들기 때문에 생산량이 적다. 포도나무 한 그루에 한 병 정도밖에 나오지 않을 정도. 또한 포도가 얼었을 때 수확해야 하므로 새벽에 따는 만큼 공정도 힘들고 기후변화에도 민감하기 때문에 생산량이 적을 수밖에 없다. 결국 아이스 와인은 상대적으로 가격이 비싼 편인데 그만큼 맛은 뛰어나다.

열한 번째 대결.

최근까지도 스페인 와인은 대량 소비에 초점이 맞춰져 있어서 질보다는 양이다. 하지만 토착품종의 개성에 눈을 뜨기 시작한 일단의 양조가들은 품질 향상에 역점을 두기 시작했다.

핑구스 VS. 레르미타

Pingus vs. L'Ermita

II. 스페인의 간판 와인,
핑구스 VS. 레르미타
Pingus vs. *L'Ermita*

　세계 최대의 경작 면적을 자랑하는 무적함대 스페인의 간판 와인 중에 핑구스와 레르미타가 있다. 세계 와인 시장에서 둘은 스페인 최고 와인 자리를 두고 눈에 보이지 않는 치열한 경합을 벌이고 있다. 선의의 경쟁을 벌이는 두 양조장은 여러 면에서 다르지만, 전통적인 명산지 리오하 지역을 생산의 거점으로 택하지 않은 것과 와인메이커 둘 다 40대란 것이 공통점이라면 공통점.

　핑구스는 '리베라 델 두에로'에 레르미타는 '프리오라토'에 터전을 삼았다. 스페인 와인지도는 스페인 와인의 시장 점유율이 낮은 우리나라 애호가들에게 무척 낯설다. 하지만 이런 곳들이 대표적인 생산지이니 그 위치와 역사에 대해 어느 정도 이해가 수반되어야 한다.

스페인의 수도 마드리드의 북서쪽에 위치하는 리베라 델 두에로는 리오하 다음가는 명산지다. 리오하는 스페인 최고의 생산지이다. 원산지 등급인 DO프랑스의 AOC에 해당보다도 한 단계 더 높은 DOC 지역으로 한동안 유일하게 이런 지위에 있었다. 하지만 지역을 대표하는 고급와인의 명성이 주변에 비해 약하고, 리베라 델 두에로, 프리오라토 등의 경쟁산지에 신흥 명문 양조장이 우후죽순처럼 설립되고 세계적인 관심이 쏠리면서 리오하는 점점 구시대의 생산지로 변모하고 있다. 리오하가 침체되는 동안에 리베라 델 두에로와 프리오라토는 실질적인 간판 생산지로 진화하였다.

1982년부터 DO로 지정된 리베라 델 두에로는 로마시대에 포도밭이 조성되었지만, 기독교와 회교의 대립, 즉 국토회복 운동인 레콘퀴스타Reconquista의 시기인 10~11세기에는 사람이 거의 살지 않던 곳이다. 오랫동안 내버려진 이곳을 다시 소생케 만든 이는 중세의 수도사였다.

시토파 수사들로부터
다시 시작된 리베라 델 두에로

프랑스 부르고뉴 지방의 작은 마을 시토에서 시작된 시토파 수사들은 수도원 클로 드 부조에서 포도밭 개간에 힘썼고, 밭들 간의 차이에 눈을 떠서 막대한 양조의 비밀을 체득하였다. 이를테면 클로 드 부조는 유럽 와인양조의 싱크 탱크였던 것이다.

교황청의 부름을 받고 유럽의 방방곡곡으로 근무지를 옮겨 다닐 때에도 근엄한 종교 수칙뿐 아니라 양조기술도 함께 전수하였다.

리베라 델 두에로에도 역시 시토파였다. 12~13세기 수도사들이 이곳으로 부임하여 밭을 조성하고 주변에 포도나무를 심었다. 석회암 토양에 조성된 이곳에 아직까지 남아 있는 셀러들을 보면 전통 깊은 지난 시절의 추억을 어루만질 수 있다. 피레네 산맥으로 인해 지형적으로 차단되어 있어도 수도사들까지 막을 순 없었다.

중세 수도사들이 이 산맥을 맨 처음 건넌 것은 아니다. 그들에게는 증표가 있었다. 약 2000년 전 예수님의 제자 중 한 사람이 산을 넘고 물을 건너 스페인으로 전도여행을 왔다. 그 사도를 따라 수도사들이 피레네를 넘었고, 그 수도사들을 통해 경건함과 정화를 목도한 신자들뿐 아니라 일반인들도 오늘날과 같은 길을 걷고 있다.

전 세계적으로 유명한 순례의 길인, 카미노 데 산티아고_{Camino de Santiago, 산티아고의 길}가 그것이다. 약 800킬로미터 거리의 끝에는 산티아고 데 콤포스텔라가 있다. 예수님의 열두 제자 중 하나였던 야고보를 위한 교회가 세워진 도시다. 예루살렘과 로마에 이은 세 번째 성지순례의 길인 이 길의 종착역 산티아고 데 콤포스텔라의 산티아고는 '세인트 야콥' 으로 풀이되며 우리말로는 성자 야고보가 된다.

리베라 델 두에로는 이 순례의 길 중간에 위치하는데, 순례자들이 몇 날 며칠을 걸어야 겨우 빠져나갈 수 있는 긴 지역이다. 리베라 델 두에로에는 사실 1980년대까지 베가 시실리아밖에 없었다고 해도 과언이 아니다. 오늘날 전통과 품질 그 어떤 척도로 보아도 스페인의 최고 와인으로 평가받는 그래서 스페인 국왕도 고객이라는 베가 시실리아는 리베라 델 두에로의 간판 양조장이지만, 그 위상은 가우디의 건축처럼 생뚱맞게 높은 첨탑으로서 존재했다. 즉 베가 시실리아를 빼고 나면 별로 남는 게 없다는 것이다. 이것은 스페인 와인산업의 아킬레스건이었다. 하지만 원산지로 등록된 후 외부에서 투자자금이 몰려오고, 전문가들이 정착하기 시작하여 리베라 델 두에로는 최고급 산지로서의 모습을 하나씩 갖추어 나가기 시작했다.

해발 800미터의 고원에 있는 리베라 델 두에로의 포도밭에서는 포도가 쉽사리 익질 않아 11월까지 수확할 수 있다. 산도 높은 포도 템프라니요를 충분히 무르익게 할 수 있다. 핑구스는 이렇게 유입된 세력 중의 하나다.

스페인에서 가장 비싼 와인이 나오는 산지, 프리오라토

바르셀로나에서 남쪽으로 100킬로미터 떨어져 있는 프리오라토는 오늘날 스페인에서 가장 비싼 와인이 나오는 산지로 유명하다. 로마시대에는 지금보다 훨씬 많은 인구가 모여 살던 곳이다. 그러니 포도밭과 양조장도 발달했을 것임에 틀림없다. 오래 전 와인으로 유명했던 프리오라토는 오랜 세월 무명지의 신세였지만 역사서적과 기술서적을 통달한 일단의 와인양조가들에 의해 1970년대부터 재인식되기 시작하면서 옛 영광을 드러내고 있다.

본격적으로 프리오라토가 생산지로 각광을 받기 시작한 것은 양조가 르네 바르비에르의 도움이 컸다. 그는 양조장 클로 모가도르를 세워 잊혀졌던 로마시대의 와인생산지에 생기를 불어넣었다. 그를 따르는 젊은 양조가들이 하나둘씩 모여들어 각기 본인의 양조장을 프리오라토에 건설하면서 스페인에는 새로운 기운이 돌기 시작했다. 그들은 전통품종인 가르나차에 천착했다. 남불에서는 그르나슈로 불리는 이 검은 포도는 스페인의 대표적인 품종이다.

스페인의 전도유망한 와인메이커 알바로 팔라시오스 ⓒAlvaro Palacios

프리오라토는 지형적으로 고립되어 있다. 남동쪽의 바다로 향하는 경사면을 제외하고 사방이 깎아지르는 고경사의 산맥으로 둘러싸여 있기 때문이다. 해발 600미터에 이르는 포도밭에는 오랜 세월 돌보지 않은 가르나차와 카리녜나_{남불의 까리냥}가 잡초처럼 자랐다. 그들은 이런 포도와 함께 국제 품종인 카베르네 소비뇽, 메를로 등을 같이 재배했다.

대부분 보르도에서 수학한 그들은 단일품종보다는 여러 품종이 섞인 와인에 애착을 보였다. 블렌딩의 매력은 어느 한 가지의 품종에 흠결이 있어도 다른 품종의 특성으로 덮을 수 있다는 데 있다. 카베르네 소비뇽과 메를로의 절묘한 배합을 몸소 체험한 그들은 가르나차의 장점을 살리면서 혹시 있을 지도 모르는 결함을 다른 품종으로 만회하는 것이 필요하다고 믿었다. 그들의 시행착오는 역시 보르도에서 견습을 하고 있었던 한 젊은이에게도 매력적으로 보였다. 그의 이름은 알바로 팔라시오스, 바로 레르미타를 만드는 장본인이다.

명산지가 되기 위한
와인의 조건

오늘날 스페인의 위력은 도처에서 목격된다. 2010 월드컵 우승에서 목도했듯이 위세가 그 옛날 대서양을 주름잡았던 무적함대 시절에 근접했다고 보는 이들도 있다. 핑구스와 레르미타의 품질 수준을 여러 분야에서 가늠할 수 있다. 20세기 최고의 예술가 '피카소', 테니스를 석권한 '나달', '노인을 위한 나라는 없다'에서 관람자들의 간담을 서늘하게 만든 그래서 다들 오스카는 무조건 따놓은 당상이라고 평가했고, 결국 오스카를 수상한 '하비에르 바르뎀', A매치 35게임 무패 행진의 세계 신기록 타이를 이룬 '국가대표 축구팀', 예약자의 명단이 6개월 이상이나 밀려 있는데도 여전히 예약하려는 전화가 빗발친다는 레스토랑 '엘 부이'가 그것이다.

와인의 명산지가 되기 위한 조건이 무엇일까? 최고급와인이 되려면 어떤 게 필요할까? 그건 품종, 지역의 다양성, 사람에 달려 있다.

품종은 토착품종을 말한다. 보르도의 카베르네 소비뇽, 부르고뉴의 피노 누와, 피에몬테의 네비올로, 토스카나의 산지오베제, 독일의 리슬링, 오스트리아의 그뤼너 벨트리너가 모두 토착품종이다. 스페인의 토착품종으로 리베라 델 두에로에는 템프라니요가 있고, 프리오라토에는 가르나차가 있다.

두 번째 요소는 지역의 다양성이다. 와인 메뉴는 다양해야 질리지 않는 법. 프랑스나 이탈리아가 폭넓은 와인의 세계를 널리 인정받고 있는 것이 다 이런 다양성의 결과이지 않은가. 프랑스에 육박한 면적을 가진 국토에서 다양한 와인을 길어올리는 스페인은 지역의 다양성에 관해서는 둘째가라면 서러워할지 모른다.

마지막으로 와인의 핵심은 사람에 달려 있는데, 이제부터 본격논의하는 두 사람이 현재 스페인에서 가장 촉망 받고 있는 양조가이며, 각각이 스페인 최고 와인 중의 하나를 빚어내고 있다.

뛰어난 산지의 발견이
일궈낸 레르미타

레르미타를 만드는 사람은 알바로 팔라시오스Alvaro Palacios. 그는 스페인 출신이다. 핑구스를 만드는 피터 시섹이 덴마크 출신인 점과 뚜렷하게 구분된다. 알바로 팔라시오스는 프리오라토의 잠재력을 간파한 1965년생의 40대 기수다. 그는 리오하에 있는 집안 양조장 팔라시오스 레몬도에 합류하지 않고, 자신의 양조장을 건설했다. 보르도 대학에서 양조학을 전공한 후에 샤토 페트뤼스와 샤토 트로타누아에서 견습하기도 했다. 이탈리아의 명품 와인 사씨카이아가 샤토 라피트 로췰드에서 포도나무를 전해 받아 최고의 슈퍼 토스칸 와인이 된 것처럼, 레르미타는 페트뤼스로부터 큰 영향을 받았다.

알바로 파라시오스는 청운의 꿈을 품고 고향 대신 프리오라토에 자리를 잡았다. 그는 프리오라토에서 가르나차 품종의 번성을 목격하고, 그 포도에서 페트뤼스의 메를로 같은 잠재력을 발견했다. 1993년에 첫 출시된 레르미타를 통해 그는 페트뤼스와 호주 그랜지의 공통적인 장점을 표현하려 한다. 풍부한 향기, 균형 그리고 놀라운 숙성력이 그가 추구하려는 와인의 목표다.

레르미타의 포도는 아주 가파른 등성이에서 재배되어 손 이외에

스페인 포도밭 ⓒAlvaro Palacios

별다른 수단이 없다. 비탈길을 반복해서 오르고 내리면 다음 날 전혀 일어날 수 없을 것 같지만, 그는 매일 투지를 보이며 밭으로 나간다. 그는 소출을 극도로 줄여 농익고 집중된 포도로 키운다. 60년 이상 묵은 포도나무, 어떤 것은 100년 이상을 묵은 경우도 있는데 이런 나무에서는 소출이 많이 나질 않는다. 그러니 자연스럽게 저수확할 수밖에 없지만, 잠재력을 다 동원해서 소출을 극대화하지 않고, 잠재력을 줄이고 줄여서 집중된 포도알 획득에 몰두한다.

품종은 가르나차 이외에 카리네나와 카베르네 소비뇽이 조금 있

스페인 프리오라토에서 생산되는 레르미타

다. 매년 약 3000병 정도 병입한다. 이 숫자는 로마네 콩티의 반도 되지 않는다. 우리나라에도 수입되지만 애호가 한 사람이 한 달도 마실 수 없는 소량만 들어온다.

레르미타는 와인 이름이자 밭 이름이다. 포도밭이 위치한 산봉우리에 들어선 작은 교회를 보고 알바로가 붙인 이름으로, 불어의 에르미타쥬와 가깝다. 실제로 남불 론강 유역에는 에르미타쥬라는 마을이 있고, 그 마을 어떤 봉우리에는 교회가 있는데, 명 양조장 폴 자불레의 에르미타쥬 라 샤펠르가 거기서 나온다. 세계적인 평론가 로버트 파커는 2004년과 2005년 빈티지의 레르미타를 계속해

스페인 리베라 델 두에로에서 생산되는 핑구스

서 98점으로 평가했다. 이러한 고득점은 보르도 1등급 샤토에서도 흔한 일이 아니다. 특급 와인의 증표인 숙성력 역시 굉장하다. 파커가 짐작한 레르미타의 수명은 2045년까지로 약 40년 동안 숙성해 갈 것으로 보았다. 아주 유혹적인 블랙 체리, 검붉은 산딸기 향내가 난다고 평했다.

레르미타의 맛은 한마디로 굉장한 힘과 질감이 느껴지는 풀바디한 와인이다. 아주 긴 여운을 지녀 삼키고도 한참 동안 향기가 진동한다. 그렇지만 묘하게도 가볍고 생동감이 넘친다. 균형이 뛰어나서 돌처럼 무거운데 이상하게도 곧 공기처럼 가볍게 느껴진다.

알바로는 전통 포도의 중요성에 매달린다. 그래서 프리오라토에 만족하지 않고 또 새로운 산지 개발에 나섰다. 비에르초에 새로운 프로젝트를 가동하여 이미 여러 빈티지를 연이어 출시하고 있다. 알바로는 이미 세계적인 양조 스타 반열에 올라 있다. 그는 와인지 〈와인 스펙테이터〉가 2003년에 선정한 '올해의 인물'이며, 〈디캔터〉가 2009년 7월호에 보도한 '와인업계 파워 리스트'에서 43위에 올랐다. 47위에 오른 이탈리아 최고의 양조가 안젤로 가야를 넘어섰다.

컨설턴트의 발목을 붙잡은 스페인의 핑구스 포도밭

스페인 와인산업을 이끄는 힘은 스페인에서만 나오진 않는다. 이미 세계는 양조기술의 표준화 덕분에 고급기술을 얼마든지 살 수 있다. 포도밭만 좋다면 얼마든지 고품질 와인을 만들 수 있다. 최근 들어 고품질 와인의 후보지로 급부상한 스페인을 와인세계에서는 '뉴 스페인'이라고 이름 붙였다. 뉴 스페인의 저력은 내국인과 외국인을 가릴 것 없이 다국적 전문가들에 의존한다. 와인산업에서 외국인은 그저 컨설턴트이다. 잠깐 들렀다가 기술을 지도하고 떠나는 자들이다. 소위 '플라잉 와인메이커'는 성수기 때에는 자기 고장에서 일하고, 비수기에는 적도를 넘어 남반구 혹은 북반구로 날아가 컨설팅을 한다.

핑구스를 만드는 피터 시섹과 얘기해보고 싶다면, 보르도 엉프리메르 기간 중에 샤토 발란드로로 가면 된다.

스페인은 이러한 컨설턴트를 정착자로 만드는 묘력이 있다. 산티아고의 길을 걸어가는 순례자처럼 외국 컨설턴트들은 스페인 땅덩어리에 매료되어 발바닥으로 포도밭을 누빈다. 계절이 바뀌면 철새처럼 고향을 찾아가는 게 아니라 스페인에 터를 마련하고 정착하여 고품질 와인에 매진한다. 이런 사람 중에 가장 눈에 띄는 이가 바로 핑구스의 오너, 피터 시섹이다.

피터 시섹은 양조가 집안 출신답게 이국땅에서 보란 듯이 성공했다. 보르도 그라브에서 이름을 날렸던 양조전문가인 그의 삼촌

평구스 1999 빈티지

이름도 피터라서 그는 어린 시절부터 핑구스라는 애칭으로 불렸다. 피터 시섹은 삼촌을 따라 어디든 갔다. 결국 스페인까지 가게 된 그는 5헥타르의 오래된 포도밭을 구해서 자신의 프로젝트를 시작했다. 템프라니요로 덮인 밭은 볼품없었으나 피터는 끈질긴 노력과 뜨거운 열정으로 밭을 완전 변태시켰다.

템프라니요는 가르나차처럼 스페인의 토착품종이다. 리오하와 리베라 델 두에로에서 잘 자란다. 피터는 오직 템프라니요로만 핑구스를 만든다. 가르나차를 주품종으로 해서 블렌딩으로 만드는 레르미타와는 구분된다. 아무래도 한 가지 포도로 만드는 것은 힘겨운 결정이다. 여러 포도를 섞는다는 것은 보험에 드는 것 같기도 하기에 단일품종을 고집하는 일이란 양조가로서 쉬운 선택이 아니다. 하지만 보람이 있다. 완숙된 포도를 얻을 수 있다면, 완벽한 포도를 얻을 수 있다면 그 포도의 특성이 밭의 풍토를 투명하게 드러내기에 개성 와인으로 인정받을 수 있는 것이다. 이 세상에 와인을 담그는 사람은 수십만 명 이상이 있는데, 그들의 한결 같은 소원은 자신의 포도밭 특성이 담긴 개성 있는 와인을 만드는 것이다. 단일품종은 그런 매력이 있다.

피터는 1995년 빈티지를 시작으로 핑구스를 출시하고 있다. 핑구스 밭은 소출이 극도로 제한되어 있다. 헥타르당 12헥토리터 정도이며, 빈티지가 아무리 좋아도 20헥토리터를 넘지 않는다. 로마네 콩티가 35헥토리터이니 얼마나 소출을 줄이는지 짐작이 간다. 포도나무 한 그루에서 한 병도 채 얻지 못할 정도이니 희소성이 실로 대단하다. 이는 부르고뉴의 그랑 크뤼에 해당하는 특성이다. 전 세계 와인애호가의 숫자에 비해 턱없이 적은 병수라서 수요에 도저히 부응할 수 없으니 값이 비싸지는 것은 당연한 결과이지 않겠는가. 거기다가 최초 빈티지는 그 희소성에 기름을 붓는 사건도 따랐다.

겨우 325상자3900병 생산된 핑구스 1995년 빈티지는 출시되자마자 대서양을 건너가게 되었다. 그런데 미국으로 보낸 75상자는 항해 중 풍랑으로 인해 유실되고 말았다. 가뜩이나 수량이 적은 와인이 거기다 사고까지 당해서 더 구하기 힘들어졌다. 수집가들은 무조건 사고야 말겠다는 의지를 보였다. 무언가를 모으는 사람들은 그러한 에피소드가 가치를 한껏 상승시킨다는 것을 경험적으로 터득했기 때문이다.

출시 동시에
1등급을 얻은 핑구스

핑구스는 어떻게 해서 출시되자마자 보르도 1등급 와인과 비슷한 가격이 되었을까? 세상에 비싼 와인이 얼마나 많은가. 저마다 자신의 와인이 최고 와인이 되기를 바라지만, 실제로 명성을 얻어 고급와인으로 대접받는 확률은 아주 낮다.

핑구스는 출시와 동시에 고급와인 대열에 오른 예외적인 와인이다. 여기에는 로버트 파커의 평가가 크게 한몫했다. 한마디로 핑구스는 신데렐라같이 등장했다. 피터가 보르도에 사는 그 피터 삼촌 Peter Vinding-Diers을 만나러 갔을 때, 그 자리에는 보르도 와인 판매상, 영국과 미국의 유명 와인수입상 등이 함께 있었다. 그들은 여러 와인을 시음하고 있었는데, 피터는 자신의 와인도 좀 마셔보라고 병을 내밀었다.

전문가들은 항상 새로운 와인에 대해 목말라 있다. 자리에 함께했던 그 수입상은 바로 그 다음날 미국으로 돌아갔고, 곧 파커와 식사하는 자리에서 핑구스를 마셔보자며 소개했다. 파커는 그 품질에 크게 감동받아 갓 데뷔한 와인임에도 높은 평점을 부여했다. 파커는 96~100점을 부여하면서 스페인에서 나온 어린 와인 중에 이런 와인은 처음 맛본다며 찬사를 보냈고, 2002년을 제외한 모든 빈티지를 높이 평가했다. 1995년은 시간이 지나면서 평점 98점으로 정해졌다.

피터는 2002년 핑구스를 만들지 않았다. 그 품질의 수준이 상당했는데도 피터 스스로의 잣대가 높아져서 2002년의 품질에 만족하지 않은 것이다. 그러나 2002년을 포기한 대가에 대해서는 곧 보상을 받았다. 핑구스 2003년부터는 거의 완벽한 점수를 받고 있다. 100점, 99점을 연이어 받으면서 고급와인으로 한층 자리매김하고 있다. 피터는 품질을 위해 한 해의 포도를 죄다 강등 조치할 만큼 확실한 신조를 지녔다. 4헥타르 남짓한 포도밭에서 핑구스는 많아야 8000병 수준이다.

피터 시섹의 양조기술은 아마도 피를 타고난 것 같다. 그의 삼촌 피터로부터 크게 영향을 받았다. 삼촌의 아들도 역시 양조가다. 즉 피터 시섹의 사촌들이 다 와인을 만든다. 토스카나의 브루넬로 디 몬탈치노를 만드는 아르지아노에서 사촌 한스는 양조 책임자이고, 아르헨티나와 스페인의 양조장에서 사촌 안데르스가 일하고 있다.

태양만큼이나 뜨겁고 정열적인 스페인 사람들이 만든 와인은 드넓은 땅덩어리 여기저기서 실로 다양하게 양산된다. 우리 시장에서는 스페인에 대해 아직 구색을 갖추진 못하지만 말이다. 스페인 내륙에 조성된 포도밭들은 뜨거운 태양과 뙨 현상으로 인한 특유의 고온 건조화로 인해 물 부족을 겪는다. 그래서 포도나무를 심는 방법이 보통과는 다르다. 뿌리가 서로 경쟁하도록 촘촘하게 심는 것이 아니라 듬성듬성 심는 것이다. 이런 이유로 오늘날 스페인은 경작면적이 전 세계 톱이다.

현대 스페인 양조산업의 떠오르는 두 태양

와인문화는 사람들의 일상에 깊이 뿌리박혀 있다. 최근까지도 스페인 와인은 대량 소비에 초점이 맞춰져 있는 것을 보면 스페인 와인은 질보다는 양이다. 하지만 토착품종의 개성에 눈을 뜨기 시작한 일단의 양조가들은 품질향상에 역점을 두기 시작했다. 소출을 줄이고 포도의 완숙을 기하여 땅 맛을 제대로 표현하는 와인을 등장시켰다. 〈디캔터〉 2009년 3월호에 실린 피터 시섹의 인터뷰 기사를 보면 피터가 얼마나 소출을 줄이는지를 알 수 있다.

양조장에 세무공무원이 와서 세금을 제대로 내는지를 조사하고 있었다고 한다. 밭 면적에 대비해서 와인 생산량이 터무니없이 낮은 것을 의심한 세무 공무원은 혹시나 그 포도로 몰래 다른 와인을 만드는 게 아니냐고 할 정도였다. 이에 대해 피터는 이렇게 말했다.

"내 와인이 300유로이고, 근처의 와인들이 6유로인 이유를 나는 설명하고 있다. 그를 수확기에 초대해서 내가 얼마나 많은 포도를 땅바닥에 버리는지 목격해야 하겠다."

알바로와 피터는 생산 거점이 다르고, 취급하는 품종도 다르지만 보르도 대학의 수학 경험과 보르도 양조장에서의 체험 그리고 가족들로부터 배운 양조기술, 비슷한 연령 등의 많은 공통점도 보이고 있다. 둘은 최고급 와인양조에 매진하는 현대 스페인 양조산업의 떠오르는 태양이다.

2010년 우리나라에서 상반기 수입량 1위는 스페인 와인이 차지했다. 지금 우리 시장에는 싸구려 중의 싸구려가 스페인 와인의 이미지라고 할 수 있다. 불경기에 더욱더 저렴한 와인을 찾아나서는 수입상들에게 있어서 저평가되고 있는 스페인 와인의 값싼 원가는 궁여지책임에 틀림없다. 하지만 스페인의 최고봉을 만드는 알바로와 피터의 와인품질은 스페인을 그저 그런 와인만을 양산하는 나라로 치부하기에는 대단히 높은 수준이다. 두 사람의 눈에 보이지 않는 라이벌 경쟁으로 스페인 와인의 고품질 수준은 더욱 고양되고 있다.

열두 번째 대결.

역사적 사실에 근거하여 보르도는 여왕의 와인이라고 불리고 부르고뉴는
왕의 와인이라고 불린다. 잉글랜드 통치 시절 보르도의 여공작이 잉글랜
드의 왕비가 됨으로써 보르도는 여왕이 되었고, 베르사유에서 즐긴 부르
고뉴는 왕의 와인이 되었다.

보르도 VS. 부르고뉴

Bordeaux vs. Bourgogne

MONOPOLE
· 1999 ·
1985
Ce vin n'a pas été filtré
MONOPOLE
988
ROMANÉE
RICHEBOURG
APPELLATION CONTROLÉE
Mis en bouteille par
Henri Jayer
VITICULTEUR A VOSNE-ROMANÉE (COTE-D'OR)
Imported by
MARTINE'S WINES INC.
San Rafael, CA 94901
Contains Sulfites
RED TABLE WINE
750 ml (25,4 fl. oz.)
LA TÂCHE
APPELLATION LA TÂCHE CONTROLÉE
20.137 Bouteilles Récoltées
BOUTEILLE Nº 00669
ANNÉE 1988
Mise en bouteille au domaine
PRODUCT OF FRANCE
ROMANÉE
MAR
N° 007210
ANNÉE 1985
ÉTÉ CIVILE DU DOMAINE DE LA ROMANÉE
PROPRIÉTAIRE A VOSNE-ROMANÉE (COTE-D'OR)
ROMANÉE-CONTI
APPELLATION ROMANÉE-CONTI CONTROLÉE
6.917 Bouteilles Récoltées
BOUTEILLE Nº 01881
ANNÉE 1999
Mise en bouteille au domaine

12. 달라도 너무 다른
보르도 VS. 부르고뉴
Bordeaux vs Bourgogne

보르도와 부르고뉴는 쌍두마차처럼 프랑스 와인을 견인하여 오늘날 세계 와인지도에 프랑스를 고급와인의 메카로 자리매김하게 했지만, 둘은 이보다 더 다를 수 없을 정도로 다르며 서로를 견제하는 라이벌이다.

1825년 《맛의 생리학Physiology of Taste》을 출간한 브리야 사바랭은 둘의 해묵은 라이벌 논쟁을 기록 사진처럼 잘 보존하고 있다.

"판사님, 보르도와 부르고뉴 중에서 어떤 와인을 더 좋아하시나요?"

귀부인이 맞은 편에 앉아 있는 판사에게 이같이 물었을 때, 그는 엄숙하게 다음과 같이 대답했다.

"부인, 그건 제가 하도 진지하게 그 증거의 경중을 가리길 좋아해서, 항상 그 다음 주까지 답변을 연기하는 그런 재판이랍니다."

프랑스 내륙의 부르고뉴는 소규모의 가족 농장들이 많다. 이들은 외부 세계와의 연락이 긴밀하지 않으며, 잘게 나누어진 포도밭을 가꾸는 데 인생을 바친다. 단조로운 시골마을에서 소박하게 살아가는 향토인의 정서가 스며있는 곳이 부르고뉴다. 그들의 양조장은 동네 방앗간처럼 작으며, 기술보다는 선대의 어깨 너머로 배운 감이 더 크게 작용한다.

이에 반해 대서양에 연한 보르도는 중세 때 300년 이상 잉글랜드에 의해 통치되는 등 이국 문화에 익숙하며 또한 개방적이다. 귀족들의 여름 별장인 웅장하고 우람한 샤토에서 대규모로 사업화된 와인을 양조한다. 양조장은 기술 집약적인 첨단 연구소 같으며, 양조과학의 최신 기법들이 활용된다. 이제 아래에 열거된 단어들을 떠올리면서 구체적으로 부르고뉴와 보르도를 비교할 수 있으리라.

흙 묻은 장화와 반짝이는 수제 구두

몸 냄새와 향수 냄새

작업복과 파티복

말과 트랙터

부르고뉴와 보르도
그 맛의 차이

부르고뉴는 일단 가볍다. 뭔가 비어 가벼운 게 아니라 새털처럼 또한 공기처럼 가벼운 것이다. 거기다가 꽃향기가 풍기며, 과일 자체의 맛이 많이 난다. 맛 좋은 와인으로 응당 있어야 할 맛, 즉 과일 즙이 흥건하게 흐르며, 자연스런 신맛이 나고, 출신지를 떠올리는 흙 맛과 미네랄 향취가 있다. 빛깔은 연하며 투명하다.

상대적으로 보르도는 무겁다. 타닌이 견고하고 육중한 무게감이 느껴진다. 그리고 복합적이다. 여러 품종을 혼합함으로써 빛깔도 진해져 불투명하고 방향은 여러 향기가 골고루 섞여 다채로운 아로마를 형성하는 복합성이 특징이다.

이런 관능적 특성에도 전통과 역사적 사실에 근거하여 보르도는 여왕의 와인이라고 불리고, 부르고뉴는 왕의 와인이라고 불린다. 잉글랜드 통치 시절 보르도의 여공작이 잉글랜드의 왕비가 됨으로써 보르도는 여왕의 와인이 되었고, 베르사유에서 즐긴 부르고뉴는 왕의 와인이 되었다. 하지만 맛의 특성과 색깔을 놓고 보면 보르도는 남성적 취향이고, 부르고뉴는 여성적 취향이다.

애호가들은 가끔 이렇게 말한다. '모든 길은 부르고뉴로 통한다.' 그들은 마리아 칼라스가 애절하게 읊는 토스카의 '노래에 살고, 사랑에 살고'를 '와인에 살고 부르고뉴에 살고'로 치환할 것이다.

부르고뉴의 실체,
그리고 보르도와의 보이지 않는 경쟁

쾌청하거나 화창한 날보다는 흐리고 비가 많아 질퍽한 부르고뉴,

완만한 언덕이 남으로 끝없이 느리게 이어지는 단조로운 부르고뉴,

불어가 아니면 의사소통이 불가능한 부르고뉴,

기념촬영을 한다 했는데 흙투성이 작업복으로 나타나는 부르고뉴,

사람이 아닌 대지에 코드를 맞추어 테루아를 숭상하는 부르고뉴,

이 포도 저 포도 혼합하여 만들면 복합적인 맛이런만 단일 포도만

고수하는 부르고뉴,

최고급와인을 만들기 위해서는 다른 아무것도 아닌 오직 특정한

밭을 사야 한다고 믿는 부르고뉴,

이게 아닌데 하면서도 자꾸 속는 가볍고 모자란 듯한 맛의 부르고뉴,

그러나 빈티지가 좋기만 하면 지난날의 실망을 단번에 잊게 하는

부르고뉴.

부르고뉴는 불친절한 와인이다. 인정할 건 인정해야 한다.

그 부르고뉴를 만나는 여정은 와인 여행자에게 최고의 호사다.
왜냐하면 맑고 투명하며 향긋한 부르고뉴 와인을 무진장 맛볼 수
있기 때문이다. 까다롭고 불친절하지만 한번 맛을 보고 나면 헤어
나지 못하는 관능미가 바로 부르고뉴 와인이기 때문이다. 그래서
부르고뉴 예찬론자들은 워즈워드의 시 '하늘의 무지개를 볼 때마다

내 가슴은 뛰노라!'를 이렇게도 바꿔 읊으리라. '부르고뉴 와인을 볼 때마다 내 가슴은 뛰노라!'

보르도 애호가와 부르고뉴 애호가 어느 누구도 일치된 견해에는 관심조차 없지만, 부르고뉴의 단점을 말할 때에는 드물게 일치된 견해를 가진다. 부르고뉴 와인이 너무 비싸다는 것이다. 그래서 보르도 애호가들은 부르고뉴를 놀릴 때, 레오나르도 디카프리오가 주연한 영화 '캐치 미 이프 유 캔Catch me if you can'을 '돈이 있으면 날 잡아 마셔봐'라고 바꿔 말할 지도 모르겠다. 결국 못 잡는다는 소리. 너무 비싸다는 푸념이다.

와인 한 병 값이 비싸니 그 양조장은 얼마나 비쌀까! 하지만 가족 경영 중심의 부르고뉴 양조장은 보르도 샤토에 비해 너무 작기 때문에 양조장의 자산가액을 비교하면 상대가 되지 않는다.

부르고뉴 양조장이 보르도 밭을 사면 아무도 신경 쓰지 않는다. 물론 전혀 믿기지 않겠지만 말이다. 반대로 보르도 샤토가 부르고뉴 밭을 사면 난리가 난다. 앞으로도 그렇게 대규모 자본이 부르고뉴를 매집한다면, 결국 부르고뉴의 정체성은 머지않아 소멸되고 말 것이라며 절규할 것이다.

2005년에 그런 사건이 있었다. 보르도 와인계 아니 세계 와인계의 거물 프랑소아 피노그는 샤토 라투르뿐 아니라 구찌와 크리스티 경매회사도 소유한 재벌이다가 부르고뉴의 노른자위 본 로마네 마을에 있는 도멘 엥겔을 구입했을 때 그랬다.

부르고뉴 지지자들은 보르도는 선택의 폭이 넓긴 하지만 맛이 좀 따분하다고 한다. 물론 복합적이란 말에는 수긍한다. 그러나 이런 복합성은 테루아의 오밀조밀함이 아닌 품종 간의 혼합에서 비롯될 뿐이라고 여긴다.

또 보르도를 너무 무겁다고 한다. 생기발랄하지 않고 불투명한 색깔처럼 너무 진하다고 한다. 반면에 보르도 애호가들은 부르고뉴가 너무 싱겁고, 빛깔이 희미하며 맛이 약해서 차라리 화이트를 마시는 게 낫겠다고 한다.

보르도의 장점은 무엇보다도 부르고뉴보다 이해하기가 훨씬 쉽다는 것이다. 메독으로 가면 자명하다. 질서정연하게 수직화된 등급으로 한눈에 파악된다. 하지만 보르도의 화이트는 부르고뉴에 비해 종류나 맛의 수준이 한참 뒤떨어진다.

두 지역 간의 라이벌 의식은 와인잔을 만드는 이에게는 둘도 없는 사업의 기회를 제공했다. 두 지역은 와인잔 모양으로도 쉽게 구별된다. 부르고뉴 와인잔은 그 와인 병처럼 퍼진 모양새다.

튤립 모양으로 처리된 잔의 끝 부분과 확대된 잔의 지름을 통해 부르고뉴 와인잔은 폭넓게 시음자의 입안으로 쏟아지도록 고안되었다. 이를 통해 시음자는 혀의 양 가장자리에 포진한 미뢰세포를 통해 특유의 신맛을 잘 느낄 수 있다. 싱그러운 과일향기를 한 아름 담는 큰 체적은 한 병이 다 들어가고도 남을 만큼 풍만하다.

한편 보르도 잔은 그 병처럼 날렵하다. 뛰어난 숙성력으로 인해 익기 전에는 디캔팅이 요구되는 까닭에, 잔에서의 공기 접촉이 부르고뉴보다 덜 하도록 설계되었다. 상대적으로 잔의 폭을 좁게 그

부르고뉴 잔(왼쪽)은 배불뚝이 같다. 입구의 큰 지름은 와인이 시음자의 혀에 폭넓게 떨어지게 함으로써 피노 누아의 신맛을 더 잘 느낄 수 있게 한다. 보르도 잔은 단정하다. 상대적으로 폭이 좁게 그리고 입안이 아니라 혀끝 쪽으로 모아지게 만들어 타닌의 쓴맛을 좀 감미롭게 느끼도록 한다.

리고 입안이 아닌 혀끝으로 모아지게 만든 보르도 잔으로 우리는 거칠고 텁텁한 보르도를 약간은 감미롭게 느낄 수 있다.

프랑스 저널리스트 피에르 마리 두트르랑이 읊은 시 한 구절에도 둘의 차이가 잘 드러난다.

"보르도와 부르고뉴의 병을 보아라
보르도는 프로테스탄트요, 단정한 모양이고
부르고뉴는 신부에다 배불뚝이 같다.
프랑스 좋은 와인은 이렇게 두 종류다."

보르도는 샤토에서 만들고, 부르고뉴는 도멘에서 만든다. 둘 다 남이 키운 포도를 사용하지 않고 스스로 재배한 포도로 자가 포도원에서 양조한다. 물론 두 지방에는 구매한 포도로 와인을 만드는 곳도 많다. 그런 와인에는 샤토나 도멘이란 이름을 쓰지 않는다. 와인의 품질은 포도의 품질에서 시작되니 샤토나 도멘은 고품질 와인의 필요조건이다.

프랑스적인
아주 프랑스적인 싸움

자, 이제부터 구체적으로 보르도와 부르고뉴가 얼마나 다른지 알아보자. 두 지방에 사는 와인 생산자들에게 서로에 대해 물어보라. 그러면 동료의식이나 공감은 찾으려야 찾을 수 없을 것이다. 그들은 같은 세계의 출신이 아니다. 서로를 무시하고 싶어 하지도 않을 만큼 무관심하고, 상대의 와인을 전혀 시음하지 않으며, 오히려 즐거운 마음으로 상대와의 거리를 두려고 한다.

와인의 차이는 결국 그 땅에 사는 사람들의 차이로 귀결된다. 일상생활에서 향토 와인만을 마셔온 사람들이 타지 와인에 대해서는 어떤 고정관념과 편견에 빠지게 되는지는 장 로베르 피트Jean-Robert Pitte의 책 《보르도/부르고뉴, 유서 깊은 라이벌 관계Bordeaux/Burgundy, a Vintage Rivalry》를 보면 알 수 있다.

보르도인들이
생각하는 부르고뉴

보르도인들에게 부르고뉴인들은 음식을 좋아하고 영리하지만 농부 같아서 같이 어울리고 싶지 않은 사람들이다. 그 농부들은 노동으로 인해 손에 못이 박혀 있고, 모양이 틀어져 있으며, 머리에는 낡은 모자가 말려 있다. 그들은 그 조상인 턱수염의 갈리아족과 고대의 부르고뉴인들처럼 술이 과할 때는 거친 농담을 쉽게 내뱉는다. 부동산이나 사업으로 돈을 무진장 많이 벌게 된 부르고뉴인들은 졸부처럼 비싼 외제차에 돈을 쓴다고 생각한다.

몇 년 전, 방송인 베르나르 피보는 성탄절 쇼에 좋은 먹거리와 좋은 와인을 주제로 하는 프로그램을 진행했다. 한 보르도 출신은 과거에 자신에게 주어진 한 잔의 와인에 대해 꽤 우호적인 견해를 표했던 걸 언급했다. 그게 좋은 부르고뉴산이란 걸 알자마자, 그는 "부르고뉴? 정말요? 음, 몰랐어요. 그건 괜찮았어요. 하지만 내가 좋아하는 것과 꼭 같았어요."

몇 년 후에도 그는 여전히 부르고뉴를 이해하지 않고, 보르도만을 온전히 이해할 수 있다고 하면서, 과거에 부르고뉴에 대해 주저하며 칭찬을 표했었다는 사실을 시인했다. 피트는 책에서 이런 부류의 사람을 '부르고뉴에 대한 후각 상실증'이라는 치명적 장애를 앓고 있다고 표현했다. 그러면서 이런 선입견은 동정받아야 하지만 과거에도 있었던 거라고 하며 작가 프랑소아 모리악의 예를 든다.

성도미니크수도회 회장 질레 신부는 디종에 살고 있었고, 프랑스어 아카데미의 일원이 되고자 희망했다. 어느 날 그 아카데미의 실력자 모리악이 질레의 집을 방문했다. 질레는 손님들을 인근 레스토랑으로 데리고 갔으며 거기서 부르고뉴 와인 한 병을 주문했다. 사실 질레는 손님에 대한 정보가 없었다. 그런데 불행하게도 모리악은 보르도 예찬론자였던 것이다. 주문하는 얘기를 듣고 긴 침묵이 흘렀다. 이런 종류의 침묵은 실수가 저질러졌을 때 발생하는 것으로 손님들은 질레의 눈을 쳐다보았는데 그 눈은 고통스런 걱정의 빛이 역력하였다. 질레는 그건 와인일 뿐이라고 말했다. 모리악은 특유의 순진한 척하는 위선으로 말했다. "난 그게 와인이라 생각하지 않았어야 했는데…."

다음 이야기는 뻔하다. 질레 신부는 결국 프랑스어 아카데미에 가입하지 못했다. 모리악은 자연스럽게 보르도, 그의 보르도를 정점으로 두었다. "내게 보르도의 우월성은 자연스러움에서 온다. 보르도는 나의 땅이고, 태양이고, 세심한 사랑이다."

보르도인 필립 솔레도 말한다. "참된 와인은 보르도에만 존재한다. 나는 보르도산 와인이 아닌 것은 가짜라는 점을 분명히 하고 싶다. 물론 부르고뉴가 있지. 그러나 그건 너무 피 같다. 유통량도 얼마 되지 않고, 보르도에서 발견되는 여러 등급도 없다. 뵈프 부르기뇽 부르고뉴식 소고기 스튜이라고 부르는 것이 우연이 아니다. 왜냐하면 동반하는 부르고뉴 와인과 그 소스가 구분되지 않기 때문이다. 프랑스인들이 이런 종류의 것들을 좋아한다고 생각하지만, 다시 한 번더 말하자면 난 프랑스적인 것을 그다지 좋아하지 않는다."

솔레는 여기서 그치지 않고 "나는 부르고뉴를 혐오한다. 그건 소스와 피로 만든 와인이다. 사람들이 그것을 인식할 필요가 있다. 부르고뉴는 와인이 아니고, 소스를 만드는 데 쓰는 주류이다. 부르고뉴를 많이 마실수록, 피 같은 걸 마시는 끔찍한 기분이 들 것이다. 물론 피 속에서 느껴지는 그 땅의 음산한 무게감은 말할 것도 없다. 부르고뉴를 마시는 자를, 제대로 살펴보자, 촌놈이다"라고까지 표현했다.

보르도인들은 피노 누와의 섬세한 향기와 눈에 덜 띄는 색깔을 못마땅해 한다. 더구나 부르고뉴를 마시면 편안한 마음이 들어 그것에 의해 머리와 감각이 지배당할지 모른다는 생각에 화가 치민다. 즉각적으로 드라이하면서 풀바디하고 부드러운 부르고뉴의 샤르도네에 대해서도 질투를 보인다. 그러나 무엇보다도 보르도인들을 속상하게 만드는 것은 부르고뉴의 손바닥만 한 원산지들이 그것도 여러 소유자에 의해 갈가리 나누어져 분화된 포도밭이다. 이런 깨알 같은 세분화는 통 큰 보르도인들에게 전혀 이해가 되지 않으며 정당화되지 못한다.

하지만 보르도에는 이런 사람들도 있다. 잡지 〈보르도의 와인애호가L' Amateur de Bordeaux〉의 편집장 장 폴 코프팡은 오랫동안 보르도 와인을 지지했어도 요점은 제대로 짚는다.

"부르고뉴의 등급 체계는 예술이다. 부르고뉴는 예술작품처럼 신비스런 요소를 지니고 있다. 그 아름다움은 진짜 퍼즐 같다는 것이다. 100여 가지 이상의 원산지를 지닌 부르고뉴는 대담공이라 불렸던 샤를 시대의 부르고뉴 공국처럼 복잡하다. 51헥타르의 최상 급 포도밭 '클로 드 부조'는 80여 생산자에 의해 90여개 조각으로 분화되어 있다. 지금 현재 지속되는 어떤 것도 이렇게 묘한 구석이 있지 않다."

부르고뉴인들이
바라보는 보르도

1963년 부르고뉴의 양조책임자 피에르 푸퐁의 발언으로 우리는 부르고뉴 역시 보르도를 마음에서 멀리 두고 있음을 알게 된다. 그는 보르도를 관념적으로만 인정할 뿐, 맛을 비교할 때에는 제쳐두었다.

"난 보르도 와인을 질투하지 않는다. 보르도는 우리 부르고뉴 사람의 입맛에는 어려운 와인이다. 왜냐하면 우리가 보르도의 묘미를 알기 위해서는 열린 마음으로 보르도 입맛과 함께 많은 시간을 보내야 하기 때문이다. 보르도는 우리 입맛과 너무나 달라서, 오직 내가 보르도와 부르고뉴의 맛을 비교하지 않을 때에만 보르도를 좋아하고 싶다."

한편 부르고뉴 양조장 주인들은 보르도 레드를 이해하지 못한다. 카베르네 소비뇽이 주품종인 보르도 와인은 숙성될 때까지 후각 세포와 미뢰 세포에게 거친 맛을 제공한다. 그래서 부르고뉴인들은 그 와인에 무얼 먹을지 몰라 한다.

보르도의 기라성 같은 샤토 와인들. 모두 병 모양이 같다. 2009년 빈티지로 엉프리메르에 제공된 샘플들이다.

보르도의 그 큰 양조장샤토에서 오직 한 가지 와인을 만든다는 생각은 부르고뉴인들에게는 낯설다. 왜냐하면 단일 포도밭인 클로드 부조에서만 약 아흔 가지의 와인이 나오기 때문이다. 또 그들은 보르도의 블렌딩을 불신한다. 그 혼합은 단일품종, 소규모 생산, 작은 포도밭과 상반된다.

부르고뉴 출신 장 프랑소아 바쟁은 어렸을 적에 쥬브레 샹베르탱의 고향 집에서 보르도란 말을 한 번도 들어본 적 없다고 회상한다. 식탁에 보르도가 올라온 적이 없다며 "우리 와인을 건강의 와인이라고 자족하면서 보르도를 약물 치료용으로 내버려 두었다"라고 했다.

바쟁은 보르도 양조장을 방문했을 때 보르도인이 제공하는 시음 방식을 가장 불편해 했다. 보르도인들은 배럴에서 약간의 와인만 맛보게 하는데, 그 와인마저 너무 텁텁해 무슨 맛인지 도무지 알기 어렵다는 것이다. 물론 생산 와인 종류가 대부분 한 가지라 어쩔 수 없지만, 부르고뉴인들에게는 그저 인색하게 보일 뿐이다. 손바닥만한 작은 땅에 뿌리박고 사는 그들은 여러 종류의 와인을 양조하므로 방문객들에게도 그 모든 종류를 다 맛보게 하기 때문이다.

한 부르고뉴 양조장의 오너였던 장 라플랑쉬는 "내 셀러에 보르도인들이 방문할 때마다, 나는 그들에게 베럴 샘플을 한 잔씩 준 후에 이렇게 외친다. 자, 보르도식 방문은 끝났다. 이제는 부르고뉴식 방문이다!" 그리고 나서 그는 12가지 와인을 각각 개봉하여 다양한 맛을 선사하였다. 그 중에는 오랜 빈티지도 있었고 탁월한 빈티지도 있었다. 부르고뉴 애호가는 이렇게 외칠 것이다. "이 얼마나 달콤한 복수인가!"

라플랑쉬는 이제 보르도가 숙성되면 한 잔 정도는 즐긴다고 한다. 하지만 옛날의 보르도는 그에게 학창시절의 잉크처럼 보였다고 회고한다. 타스트방 기사 단체 Confrerie des Chevalier du Tastevin의 일원으로서 두 차례나 공식적인 상호 방문을 실시했지만, 그는 보르도 상대방들과 친한 관계를 맺지 못했다. 그는 부르고뉴의 레스토랑 와인 리스트에는 항상 최소 두 가지 보르도 와인을 볼 수 있다면서, 그것은 작은 제스처임에 분명하지만, 없는 것보단 나으며, 보르도에서는 전혀 볼 수 없는 것이라고 한다. 여전히 높은 장벽이 둘 사이에 존재한다는 주장이다.

하지만 이 둘은 항상 극단적으로 달리지는 않는다. 와인세계에서도 마찬가지다. "내가 내 취향을 선택했을 때 어떤 와인은 단 한 잔도 마셔보지 않았다. 난 부르고뉴보다는 보르도를 마신다. 최종적으로 선택한다면 보르도다. 그러나 사람들은 살면서 배운다. 이후 난 부르고뉴를 내 와인에 끼워 넣게 되었다. 입맛은 언제나 마음에 굴복하는 법이니"라고 말한 파리 저널리스트 베르나르 프랑크를 통해 편협된 시각이 균형으로 이르는 접점을 확인할 수 있다. 결론적으로 보르도와 부르고뉴는 극단적으로 멀지는 않다고 볼 수 있다.

적과의
동침

라이벌 의식으로는 상상이 되지 않지만, 언제나 예외 없는 규칙이 없듯이 보르도와 부르고뉴를 한 상에 앉아 먹고 마실 수도 있다. 보르도 귀족들은 때때로 잔칫날에 부르고뉴 화이트를 식탁에 올린다. 그런 잔치는 보통 부둣가의 멋진 주택이나 샤토에서 벌어진다.

메독에서 가장 분별력 있는 음식 애호가이자 샤토 무통 로쉴드의 오너였던 고 필립 남작이 1952년산 몽트라쉐를 손님들에게 대접할 때의 일이다. 그 몽트라쉐는 굉장한 와인으로 창백한 금빛에 연두색 느낌이 묻어 있었다. 손님들은 와인을 보고 다들 놀랐다. "친구 필립이여, 그대가 우릴 융숭하게 대접하는구려." 그러면서 "이런 품질의 부르고뉴 화이트를 마실 수 있는 곳이 당신의 집 말고 보르도에 또 있을까"

그 말을 들은 필립은 "친구여, 당신이 좋아한다니 나도 기쁘오. 아주 오랫동안 해마다 내 친구와 무통 대 몽트라쉐의 물물교환을 해오고 있다오. 그의 포도밭이 얼마나 되는 줄 아는지요. 겨우 2헥타르 정도지요. 난 그럴 자격이 있을 법한 분들에게만 이걸 대접한다오."

필립 남작은 편견에 얽매이지 않는 자유로운 영혼의 소유자라서 가능했던 일화다. 만약에 다른 귀족이었다면 십중팔구는 그날의 화이트로 샤토 오브리옹이나 Y 혹은 카르보니외를 대령했을 것이 틀림없다.

보르도는 언제나 보르도답게, 부르고뉴는 언제나 부르고뉴답게 정체성을 유지하고 있는 가운데, 유별나게 양수겸장을 하는 이가 있다. 에두아르 라브뤼에르르 Eduard Labruyere는 상이한 두 와인을 예외적으로 다 생산한다. 2010년 2월에 있었던 그와의 면담 내용과 잡지 〈디캔터〉에 실린 기사를 간추려보았다.

에두아르 라브뤼에르르는 물과 기름 같은 두 곳에 각각 발을 담그고 있다. 보르도 포므롤에 샤토 루제 Chateau Rouget, 부르고뉴 뫼르소에 도멘 자크 프리외 Domaine Jacques Prieur를 공동 소유하고 있다.

"부르고뉴 출신으로 보르도에 왔을 때 보르도 사람들은 나를 받아들이려 하지 않았다. 나는 보르도의 작업 방식을 이해하는 데 큰

보르도 샤토와 부르고뉴 도멘 둘 다 소유하고 있는 에두아르 라브뤼에르르.

애로를 겪었다. 우리 부르고뉴에서는 직접 소비자를 상대하지만, 보르도는 달랐다. 보르도인들은 고객에 대해 알 필요를 느끼지 않는다는 점을 알게 되었고 보르도 라 플라스에 있는 네고시앙을 통해 와인을 판매한다는 사실을 나중에야 알았다."

"보르도와 부르고뉴에 한 발씩 담그는 상황은 아주 힘들다. 같은 기술을 적용하려는 습관도 참아내야 하고, 각 지역의 개성 또한 유지해야 한다. 하지만 우리는 부르고뉴에서 익숙한 것을 보르도에서도 시행한다. 포므롤에서 말 쟁기질로 밭을 가는 것이다. 또 보르도 양조기술도 일부 시도했다. 예를 들면 셀러 작업자들에게 각 발효조에 들어가는 포도의 무게를 정확히 개량하는 것, 온도 통제를 엄격히 하는 것, 발효와 숙성 동안에 벌어지는 모든 일들을 기록하게 하는 것들이다. 양수겸장의 케이스는 예외적인데, 샤토 라투르의 오너 프랑소아 피노 역시 2005년에 도멘을 구입해 양수겸장의 대열에 합류했다."

와인저널리스트인 제인 앤슨Jane Anson은 보르도 생산자와 부르고뉴 생산자의 역할 교환을 보도한 적이 있다. 상대의 셀러에서 한 주간을 보낼 때 어떤 일이 일어나는가를 담은 내용이었다. 부르고뉴는 샤토로 가고, 보르도는 도멘으로 갔는데, 앤슨이 비유한 와이프 스왑과는 얼마나 닮았을까.

필립은 부르고뉴의 유명 네고시앙인 알베르 비쇼에서 일한다. 50가지 원산지 와인을 생산하며, 총 수량이 2500배럴에 담겨 있다. 부르고뉴 넓은 들판 여기저기에 흩뿌려진 포도밭 와인을 다루는데, 가장 작은 밭은 리슈부르로 약 300리터를 생산하고, 넓은 곳은 샤블리로 20만 리터를 생산한다.

한편 나탈리는 샤토 프뢰약에서 일한다. 포도밭은 총 26헥타르. 메독 단일 원산지로 600배럴을 양조한다. 즉 필립은 50여 가지 와인을 만들고, 나탈리는 단 한 가지만 만든다.

차이점이 여기서 그치면 라이벌치고는 상당히 싱겁다고 할 것이다. 알베르 비쇼 지하 셀러에서 가장 근접한 포도밭은 아무리 가까워도 수 킬로미터 밖이다. 여기저기 포도밭이 산재해 있으니 수확 시기에는 아주 기민하게 대처해야 할 것이다. 하지만 샤토 프뢰약의 포도밭은 일반 샤토와 다름없다. 보르도 샤토는 전통적으로 포도밭 한 가운데 멋들어진 성을 짓는다. 그러니 포도밭은 샤토 건물을 빙 둘러싸는 모양이다. 밭은 엎드리면 코 닿을 위치인 것이다.

잘 알려진 대로 부르고뉴는 단일품종으로 양조하고, 보르도는 여러 포도를 섞어 만든다. 부르고뉴에는 레드를 위해 피노 누와, 화이트를 위해 샤르도네를 심는다. 보르도는 레드를 위해서는 카베르네 소비뇽, 메르로, 카베르네 프랑 등을 심고, 화이트를 위해 세미용, 소비뇽 블랑, 뮈스카델을 심는다. 보르도와 부르고뉴의 차이는 품종 차이에 그치지 않고 포도나무 재배, 양조, 판매 등 모든 분야에서 차이를 보인다. 결국 다른 와인으로 탄생하니 와인 맛이 다른 것은 당연한 귀결이다.

부르고뉴인들은 과학적으로 그게 왜 필요한지는 모르지만, 양조하는 데 필요한 아이디어를 많이 가지고 있다. 보르도에서는 보다 과학적으로 접근한다. 보르도 와인메이커들은 주어진 빈티지에 대해 무엇을 얼마나 정확하게 추출해야 하는 지에 대해 잘 알고 있다. 부르고뉴는 어떤 식으로 해야 함을 꼬집어 알지 못하지만 느끼고는 있다. 그래서 작업과정에서 처리가 덜 정확하기 때문에 빈티지에 따라 편차가 있다.

보르도에서는 개별 양조장에 대해 압박이 더 많다. 즉 팀웍을 유지해야 하고 매년 엉프리메르를 치러야 한다. 반면 부르고뉴는 철학적이랄 수 있다. 부르고뉴에서는 시장으로부터 오는 압박이 보르도보다 덜하다. 이는 보르도가 대량 생산 체제라는 사실과 무관하지 않다.

　양조가의 이미지를 예로 들어보자. 장인적인 양조가로 수작업으로 모두 처리한다. 뚜껑 없는 나무 발효통에 포도를 던져넣고, 더미를 손으로 누르고, 자연 효모로 알코올 발효 처리하며 유산 발효도 자연스럽게 도모한다. 누구일까? 부르고뉴다. 보르도 양조가는 실험실 인상이 풍긴다. 흰 가운을 걸치고 온도가 조절되는 양조통에서 갖가지 수치를 기록하고 비교한다. 서로가 서로를 어떻게 생각할까.

　필립의 눈에 보이는 보르도는 이렇다.
　"보르도에서는 와인메이커가 좀 더 자유롭다. 블렌딩에 대해 선택권이 많고, 세컨드 혹은 써드 와인을 만들 기회도 있다. 나는 블렌딩 작업의 정확도를 정말 흥미롭게 경험했다. 훌륭한 와인을 만들려는 의지는 거기나 여기나 마찬가지였다. 가장 큰 차이점은 생각이나 철학이 아니라 실용적 방법이었다."

　그럼 나탈리가 느낀 부르고뉴는 어떨까?
　"부르고뉴에는 여성 와인메이커가 별로 없다. 보르도보다 훨씬 남성중심의 분위기랄 수 있다. 테루아의 개념은 일상생활과 밀접한 것 같았다. 보르도에서도 그 개념을 적용시키려고 하지만 부르고뉴 생산자들이 훨씬 낫다. 테루아 개념을 일상의 결정마다 적용하는 것을 보고 감명받았다"고 말했다.

두 양조가의 경험담을 읽어보니, 부르고뉴를 설명할 때에는 보르도 사람도 철학적이 되며, 보르도를 설명할 때는 철학적인 부르고뉴인도 실용적이 되는 것 같다.

왜 부르고뉴 와인기업 알베르 비쇼는 양조가 교환 프로그램을 수락했을까? 무슨 소용이 있다고 믿었을까? 회사 대표 알베릭은 "보르도와 부르고뉴의 장벽을 허물고 싶었다. 우선 우리는 서로의 차이를 강조한 나머지 공통분모가 얼마나 많은지는 망각하고 있다"고 말했다.

물론 이런 주장은 사실이겠지만, 우리는 그래도 서로 다른 데서 오는 생각을 더 즐긴다. 우선 부르고뉴인들은 로버트 파커가 자신의 와인들을 이해하지 못하기 때문에 보르도 와인의 팬이라고 지적하길 좋아한다. 한편 보르도인들은 부르고뉴 와인메이커를 그냥 농부로 치부해버리는 것으로 알려져왔다. 그러다 보니 와인애호가들도 두 패로 나뉘게 되었다. 하다못해 두 지역의 슈퍼마켓도 와인 구색이 다르다. 상대방 와인은 거의 찾아볼 수가 없다. 서로 상대방 와인이 복잡하다고 생각한다.

교환 프로젝트가 소기의 목적을 달성했다면서도 여전히 고정관념에 젖어 있는 사람들이 많다. 부르고뉴 진영에서는 "보르도 셀러 작업은 아주 정밀하다. 효율성이 높은 포도 선별, 프레스 와인의 정확한 추출 등이 그렇다. 하지만 90헥타르에 이르는 샤토 라투르의 밭이 다 균질적인 단 하나의 테루아라고 말해서는 안 된다. 차라리 블렌딩 기술이 라투르의 맛을 그렇게 유지시키며, 기술이 블렌딩을 좌우하는 요소라고 인정해야 한다"고 주장하는 반면 보르도인들은 테루아가 부르고뉴의 전유물이란 주장에 대해 격렬하게 반론을 제기한다.

하지만, 나탈리는 샤블리의 분류에 감명을 받았다. 북향의 샤블리는 놔두고 남향의 샤블리를 상위 등급의 포도밭 즉 프레미어 크뤼로 정한 것이다. "남사면이 볕이 더 잘 들어 포도가 더 잘 익기 때문에 상위급을 부여하는 것은 이치에 맞다"며 샤블리의 테루아 분류를 그녀는 수긍했다.

입장이 바뀌면 배우게 된다. 깨닫는다. 일주일간 가사 일을 경험한 남성이라면 아내를 더욱 배려할 것이고, 아내는 남편을 더욱 응원할 것이다. 보르도와 부르고뉴는 무엇을 배웠을까? 두 양조가는 색다른 경험을 통해 제 일터로 돌아갈 때, 추억과 교훈을 가지고 갔을 것이다. 문제는 그런 경험들이 도움이 된다고 할지라도, 정작 상대 와인은 잘 마시진 않는다는 사실이다. 과연 이들은 선물로 받아간 샘플 와인들을 즐겁게 마시면서 지난 경험을 살릴까? 아니면 집에 도착하자마자 과거로 회귀해버리고 말까, 보르도와 부르고뉴 둘의 관계는 바로 이것이 문제로다.

열 세 번 째 대 결 .

양조방식에 있어서 오브리옹과 오퍼스원은 공통점이 많다. 왜냐하면 오퍼스원의 공
동 창업자인 샤토 무통 로쉴드가 양조방식에 대해 많은 지침을 내렸고, 그게 나머지
공동 창업자인 로버트 몬다비 측으로부터 큰 환영을 받아 실제로 보르도 최고 샤토
의 양조법을 상당 부분 따랐기 때문이다.

샤토 오브리옹 VS. 오퍼스 원

Chateau Haut-Brion vs. Opus One

I3. 보르도를 꼭 빼닮은
캘리포니아?
샤토 오브리옹 VS. 오퍼스원
Chateau Haut-Brion vs *Opus One*

보르도의 아성을 넘보는 것 중에 준비가 가장 잘된 곳은 바로 캘리포니아다. 대서양을 끼고 있는 보르도를 벤치마킹하고 여러 품종의 혼합이라는 레시피까지 그대로 도입한 태평양의 캘리포니아는 1970년대 초부터 품질개량을 통해 최고급 보르도 와인의 세계를 끊임없이 공략하고 있다.

여러 대표양조장 가운데 보르도의 샤토 오브리옹과 캘리포니아의 오퍼스원은 라이벌이라 할만하다. 둘 다 해당 지역을 대표할 정도의 놀라운 품질을 보유하고 있으며 스타일 면에서도 유사하기 때문이다. 또한 둘 다 대통령과의 연분도 있고 미국 자본과도 관계가 있다.

오브리옹은 유서 깊고 화려한 역사를 지닌 반면, 오퍼스원은 짧은 역사에도 미국, 특히 캘리포니아 와인의 역할 모델이 되어 고품질 와인의 봇물을 이루었다.

오브리옹의 특별한 맛은 파리에서 미국 대사 역할을 하던 제퍼슨 미국 대통령을 매혹시킬 정도였다. 고증으로 밝혀진 미국 최초의 와인애호가 제퍼슨의 영향으로 이후 오브리옹은 대통령의 와인으로 상류사회에 번져나갔을 것이다. 한편 제퍼슨이 오브리옹을 방문한 지 200년이 지났을 무렵인 1999년 오퍼스원의 20주년 기념식에는 클린턴 대통령의 축하 엽서가 당도하여 세간의 관심을 끌기도 했다.

선구자적 사명을
지닌 와인

샤토 오브리옹은 보르도 와인 중에 가장 오래된 기록을 가지고 있고, 오퍼스원은 캘리포니아 고급와인의 효시라는 관점에서 두 와인은 선구자적 사명을 지니고 있다고 평가 받는다. 보르도를 벤치마킹해서 조성된 캘리포니아는 품종선택, 양조방법, 숙성방법 등 거의 모든 분야에서 보르도를 참고했다.

품종으로는 카베르네 소비뇽, 메를로, 카베르네 프랑 등을 주된 품종으로 삼았고, 이들 간의 혼합을 통해 최적의 맛을 보이려고 했으며, 프랑스산 오크통을 수입하여 캘리포니아에서 만든 보르도 와인으로 무장하여 출시했다. 특히 보르도 스타일을 강조하기 위하여 아쌍블라주_{여러 품종을 혼합하는 블렌딩 기법}를 적극 활용하였는데, 미국에서는 이를 메리티지라고 따로 호칭하여 미국화했다. 이러한 경향은 캘리포니아 와인산업의 성장에 큰 동력을 제공하였으며 캘리포니아는 보르도를 위협하는 와인산지로까지 성장했다. 오브리옹과 오퍼스원은 각각의 지역을 대표하는 최고급와인이라는 공통점을 가지고 있다.

오브리옹은 1855년 나폴레옹 3세가 부여한 최상위 등급인 1등급에 선정됐는데, 당시 나폴레옹 3세는 메독 지역의 샤토들로만 품평회를 했지만 오브리옹은 워낙 유명한 와인이었기 때문에 메독의 남부에 있음에도 품평회 참가를 배제하기 힘들었다. 오브리옹은 1959년에 실시된 지역 등급심사에서도 메독 심사처럼 1등급으로 선정되었다. 해당 지역뿐 아니라 타 지역에서도 1등급으로 선정된 샤토는 오브리옹이 유일하다.

오퍼스원의 경우는 오브리옹과는 좀 다르다. 등급심사가 아예 없다. 오퍼스원은 오브리옹 같은 등급의 영예는 없지만, 출범 당시의 출시가격이나 현재의 유통가격과 미국인들의 인식 등을 종합적으로 감안해볼 때 명실상부한 미국 최고급와인의 선구자다.

두 양조장의 소유체계는 좀 다르다. 샤토 오브리옹은 다섯 개의 1등급 샤토 중에서 미국과의 관련성이 가장 높다. 미국 대통령이 방문했고, 미국인이 소유하고 있다. 한편 오퍼스원은 프랑스와 미국의 합작품이다. 하지만 둘은 모두 사람의 한계를 넘어섰다. 주인이 바뀌거나 경영자가 바뀌어도 품질의 일관성이 유지되고 있다.

오브리옹은 수백 년간 와인을 최고로 만들어온 전통이 계속 유지되고 있다. 물론 19세기 말에 있었던 필록세라로 인해 포도밭의 대부분이 망실되어 명맥이 끊길 위기에 처하기도 했고, 오일쇼크 때에는 유통시장의 기능이 마비되고 설상가상으로 빈티지까지 좋지 않아 와인판매의 절대 위기에 봉착하기도 했지만, 현재의 오너 체계와 경영자들이 슬기롭게 위기를 넘겼다. 오퍼스원 역시 창업자 필립 드 로쉴드 남작과 로버트 몬다비 창업자가 사라졌어도 양조에 문제가 없을 정도로 세대교체가 원활하게 이루어졌다.

닮아도 너무 닮은
오브리옹과 오퍼스원

양조방식에 있어서는 오브리옹과 오퍼스원은 공통점이 많다. 왜나하면 오퍼스원의 공동 창업자인 샤토 무통 로쉴드가 양조방식에 대해 많은 지침을 내렸고, 그게 나머지 공동 창업자인 로버트 몬다비 측으로부터 큰 환영을 받아 실제로 보르도 최고 샤토의 양조법을 상당 부분 따랐기 때문이다.

두 양조장은 발효를 위해 모두 스테인리스 스틸통을 사용한다. 온도조절이나 위생관리에 최적이라 믿기 때문이다. 발효는 포도밭을 구역으로 나누고 구역별로 수확한 포도를 구분하여 실시한다. 빈티지별로 품종 간의 완숙상태가 다르고, 밭마다 품질이 달라서 각각 따로 발효한다. 와인을 구분하여 여러 샘플을 만들고 실험실

샤토 오브리옹은 발효를 오크통이 아닌 스테인리스 스틸통에서 실시한다.

에서 여러 가지 경우를 따지면서 이들을 혼합하는 실험을 통해 최종 아쌍블라주assemblage, 혼합를 결정한다.

오크통 숙성을 위해서는 오크통을 바닥에 1층으로 깐다. 바닥 면적이 좁은 샤토에서는 보통 2층이나 3층으로 오크통을 쌓아 숙성하기도 하지만, 오퍼스원이나 오브리옹은 1층으로만 오크통을 배열한다. 작업에도 용이하고 숙성에도 만전을 기할 수 있기 때문이다.

오퍼스원은 오브리옹처럼 프랑스산 새 오크통을 쓴다. 수확한 포도의 품질이 완벽하고 타닌이 많으므로 새 오크통에서 숙성하면 오크의 기운까지 더해져서 훌륭한 와인으로 거듭나게 된다.

포도나무 재배도 역시 공통점이 많다. 오퍼스원 이전 시대의 캘리포니아 포도밭은 나무 사이의 간격이 2.4미터였다. 소출을 많이 올릴 목적으로 나무 사이를 벌려놓았다. 하지만 오브리옹이나 무통 로쉴드는 1.2미터밖에 되지 않는다. 포도나무를 더 촘촘히 심어서 나무간의 경쟁을 유발하여 소출을 줄이면서 품질을 높이는 방식이다. 뿌리가 더 깊이 박히도록 해서 포도 완숙을 기하는 재배방법이다. 나무를 촘촘하게 심으면 심는 나무 수가 많아지고, 가지치기 일감이 더 늘어나서 노동력이 더 필요하니 비용도 더 많이 든다.

여기서 태양의 열과 빛 중에서 무엇이 포도에게 더 도움이 되는지를 짚고 넘어갈 필요가 있다. 열은 포도를 익혀 당분을 높인다. 즉 포도를 농축시킨다. 빛은 광합성을 유발하여 껍질을 숙성한다. 해서 타닌과 색깔을 만들어낸다. 빛이 더 중요한 것이다. 오퍼스원의 나무도 보르도 방식을 따라야 한다고 로버트 몬다비가 역설할 때 많은 동료들은 반대했다. 오퍼스원의 시도는 전례가 없던 것이었지만, 이제는 고급을 지향하는 캘리포니아 포도밭의 규범이 되었다.

수확한 포도의 품질은 다 같지는 않다. 품질을 최고로 중시하는 양조장에서 포도의 수준을 따지지 않겠는가. 그렇다면 기대 이하의 포도는 어떻게 할까? 또한 10년 미만의 어린 포도나무의 포도와 30년 정도 된 포도나무의 포도가 품질이 같다고 볼 수 없지 않겠는가.

이런 이유로 샤토에서는 세컨드 와인을 생산한다. 품질이 떨어지는 포도를 샤토의 대표 와인에 포함시키지 않고 별도의 다른 와인을 만드는 재료로 쓴다. 그렇게 함으로써 간판 와인은 품질을 유지할 수 있고, 탈락된 포도로는 또 다른 부가가치를 만들 수 있다. 세컨드 와인은 간판 와인과 같은 테루아에서 나온 소산이므로 소비자 입장에서 보면 좀 싼 값으로 간판 와인의 일부를 맛본다는 의미가 있다고 하겠다. 오브리옹의 세컨드 와인은 르 클라렌스 드 오브리옹Le Clarence de Haut-Brion이며, 5천 케이스 정도 생산한다. 오퍼스원의 세컨드 와인은 오버추어Overture이다.

오브리옹과
오퍼스원의 차이점

오브리옹과 오퍼스원은 차이점도 있다. 우선 오브리옹은 동일한 이름으로 화이트 와인도 만든다. 오브리옹이 위치한 페삭-레오냥 마을 자체가 화이트나 레드 어느 것이나 다 만들 수 있도록 허용하고 있기 때문에 양조장이 원하면 레드와 화이트 둘 다 양조할 수 있다. 하지만 오퍼스원은 화이트를 전혀 만들지 않는다.

두 와인은 같은 보르도 포도로 양조했지만 와인 맛은 차이가 있다. 이른바 스타일의 차이다. 하지만 풍성하고 화려한 아로마는 비슷하다. 오브리옹은 보르도 1등급 와인 중에서 메를로를 가장 많이 혼합한다. 메를로가 절반 정도를 차지한다. 거칠고 단단한 카베르네 소비뇽의 날카로운 구조감을 메를로의 진하고 풍성한 감촉으로

샤토 오브리옹의 우아한 풍모. ⓒChateau Haut-Brion.

감싸기에 오브리옹은 1등급 와인 중에 가장 부드러운 질감을 지니고 있다.

오퍼스원은 9할 정도를 카베르네 소비뇽으로 채우는데 이상하게도 오브리옹의 느낌과 유사한 데가 있다. 이는 나파 밸리의 뜨거운 태양 아래 농익은 카베르네 소비뇽의 농축미에서 흘러나오는 것이다. 캘리포니아의 카베르네 소비뇽은 보르도의 메를로 같은 특징을 지니고 있는 것 같다. 풍부한 일조량으로 카베르네 소비뇽이 완숙되어 특유의 거칠고 날카로운 특질이 메를로처럼 부드럽게 형성되기에 오퍼스원에서는 오브리옹의 화려함이 느껴지는 것이 전혀 무리는 아니다. 두 와인 다 화려한 바닐라와 초코렛 아로마 아래로 블루베리와 블랙커런드의 향취가 많이 묻어난다.

아로마의 차이도 있다. 오브리옹은 미네랄 플레이버가 많다. 흙 먼지 같은 냄새다. 뿌리가 땅 깊이 박혀 있어 자갈 토양에서 배어 나오는 광물향취가 와인에 이식된다. 오퍼스원의 나무들은 길어야 30년 정도 되니 아직 오브리옹의 깊은 맛을 따라가기에는 좀 멀었다.

두 양조장의 차이는 포도 외의 분야에서도 나타난다. 다분히 경제적인 측면이라고 보는데, 오브리옹은 일반인의 방문이 용이하지 않다. 하지만 오퍼스원은 입장료만 내면 언제든 가능하다.

오퍼스원과
오브리옹 역사의 시작

오퍼스원의 역사를 되돌아보는 일은 캘리포니아 와인의 지난 시절을 추억하는 것과 마찬가지다. 추억의 첫 페이지는 아마도 로버트 몬다비로 시작할 것이다. 로버트 몬다비는 오퍼스원의 공동 창업자라는 이유뿐 아니라 캘리포니아 와인세계에 한 획을 그은 인물이므로 그냥 지나칠 수 없다.

아드리아해를 바라보는 이탈리아 마르케 지방이 고향인 이민자의 아들로 미국에서 태어난 로버트 몬다비는 미국 와인산업의 나침반 역할을 했다. 스스로 정하고 그대로 유지하면 곧 규범이 되었다. 일찌감치 포도품종 이름을 라벨에 표시한 것이 오늘날 신세계 와인의 규칙이 된 점이나 소비뇽 블랑을 퓌메 블랑이라고 이름을 바꾸어 품종을 표시했어도 오늘날 두 이름이 같다고 여기는 점이 그렇다. 또한 미국 땅에서도 고급와인이 태어난다는 가능성을 만방에 보이고자 오퍼스원을 탄생시켰다.

샤토 오브리옹은 품질만큼이나 뛰어난 역사를 지니고 있다. 유럽뿐 아니라 대서양을 넘나드는 유명세의 오브리옹은 일찍이 프랑스 밖에서 가장 먼저 명성을 얻었다. 쟁쟁한 보르도의 라이벌 샤토 마고나 샤토 라투르가 알려지기 훨씬 전부터 샤토 오브리옹은 프랑스의 제일가는 와인이었다. 1663년 영국 수필가 사무엘 피프스의 일기에 "내가 한 선술집에서 '호 브라이언'이란 와인을 마셨는데, 그건 전에 마셔보지 못한 좋은 그리고 아주 개성 있는 맛이었다"라고 적었다.

또 영국의 계몽사상가 존 로크는 1677년에 샤토를 방문하여 당시 영국 귀족사회에서 인기가 넘쳤던 오브리옹의 실체를 확인하려 하였다. 오브리옹의 인기는 광대한 대서양까지 건넜다. 오브리옹은 5대 샤토 중에서 미국에 제일 먼저 수출되기도 했다. 1787년에는 훗날 미국 대통령으로 당선된 제퍼슨이 셀러를 방문하였으며, 그의 동상이 방문 200주년을 기념하기 위해 셀러에 세워졌다.

중세 귀족의 별장지로 널리 애용되었던 샤토는 가문의 부침에 따라 사고 팔리는 게 역사책에 다반사로 소개된다. 오브리옹 역시 몇 차례 손 바뀜이 있었다. 1801년에는 한때 유럽 외교무대를 주름 잡았던 프랑스의 외무부 장관 탈레랑의 손으로 넘어갔다. 그는 3년 후에 큰 차익을 남기고 팔고야 말았지만, 그가 소유하던 때에 오브리옹은 타국 외교관과의 교제에 참기름 역할을 톡톡히 했을 것이다. 이와 관련된 근거 없는 소문들은 오늘날 오브리옹의 판타지를 강화하기도 한다.

그중의 하나는 탈레랑은 당대 최고의 요리사 카렘과 손잡고 오브리옹과 요리의 환상적 궁합을 무기로 비엔나 회의에 참가한 각국의 외교관들을 녹였다는 일화인데, 어쨌거나 비엔나 회의 결과

샤토 오브리옹 지하 셀러를 지켜보고 있는 토마스 제퍼슨 동상.

프랑스의 국토는 기대보다 더 넓어졌다.

1935년에는 미국인 클라렌스 딜롱이 오브리옹을 거두었으며 이후 딜롱 가문이 계속 소유하고 있다. 클라렌스는 월스트리트에서 잔뼈가 굵은 금융인이며, 그의 아들은 케네디 시절 재무장관을 역임하기도 했다. 현재의 오너는 클라렌스의 외증손자이자 룩셈부르크 왕자인 로버트이다. 오브리옹의 유명세는 영화에도 나타난다. 톰 크루즈 주연의 '야망의 함정The Firm'에도 등장했고, 방화 '작업의 정석'에서 여성을 유혹하는 도구로도 쓰였다.

오브리옹은 눈을 감아도 찾을 수 있다. 5대 샤토를 섞어놓아도 샤토 이름이 양각된 오브리옹은 손으로 만져서 쉽게 골라낼 수 있을 정도로 병 모양이 남다르다. 오퍼스원은 보르도 표준 병에 담는다. 와인평론가 로버트 파커는 특히 오브리옹을 좋아하는데, 그런 결과인지는 몰라도 오브리옹은 보르도 1등급 와인 중에서 100점을 가장 많이 받았다.

오브리옹에는 단점 같지 않은 단점이 있는데 값이 비싸다는 점이다. 요즘 같은 환율에서는 수입회사 자체 원가로만 해도 거의 100만 원에 이를 정도다. 그런 면에서 와인은 이미 럭셔리다.

미국 와인은 오퍼스원이 등장하기 전까지만 해도 그저 그런 와인이 대부분이었다. 《보물섬》으로 유명한 영국 작가 스티븐슨의 신혼여행 이야기인 《실버라도 무단점유자 The Silverado Squatters》를 읽어 보면 나파의 과거가 어떠했는지 능히 짐작할 수 있다. 여행시기는 1880년이다. 3장 나파 와인 대목에서 작가는 나파의 환경을 자세히 기술했다.

스티븐슨이 임시로 거했던 공간은 마야카마스 산맥의 세인트 헬레나 산 어깨 부분에 버려진 한 광산 캠프. 와인애호가였던 작가는 나파 와인이 실험적인 수준에 불과하다고 기술했으며, 캘리포니아 와인의 저급한 이미지를 감추고 스페인산이라고 라벨을 허위로 붙이는 행태를 목격했다고도 적었다.

미국 와인산업 중심의
오퍼스원

초라한 과거를 지닌 미국의 와인산업이지만 현재는 두 인물을 통해 크게 성장하고 있다. 로버트 몬다비와 로버트 파커이다. 파커는 와인평가에서, 몬다비는 와인양조에서 새로운 지평을 열었기 때문이다. 몬다비는 소박한 식탁 위에 와인 한 병만 올려도 분위기가 금세 좋아진다는 와인계의 오랜 믿음을 신봉했다.

2008년 5월에 94세의 나이로 작고한 로버트 몬다비의 부고 기사를 쓴 프랑크 프라이어는 〈뉴욕타임스〉에 '그는 훌륭한 와인fine wine은 좋은 생활에 절대 필요한 부분이라고 믿었다'라고 기록했다. 홍콩의 와인가게 BBR 대표 니콜라스 페냐는 여기서 훌륭한 와인은 주관적인 것, 와인거래상들은 100달러 이상의 와인을 가리킨다고 말했다.

코카콜라와 벌크 와인으로 유명했던 미국에서도 좋은 와인이 나올 수 있다는 믿음, 그리고 그런 와인이 식탁을 풍성하게 만들고 나아가 사람의 생활을 윤택하게 한다고 굳게 믿었던 로버트 몬다비는 52세 때 집념을 불사르며 나파 밸리에 자신의 양조장을 세웠다.

오늘날 나파 밸리는 캘리포니아의 핵심 지역이다. 과학적 분석과 기술을 통해 환골탈태했다. 포도를 재배하는 데 있어 천혜의 조건을 갖추고 있음이 드러났다. 하지만 그 속에는 단점도 있다. 가끔은 온화한 태양이 포도를 태워버릴 기세로 뜨겁게 내리쬐기도 한다. 적당한 일조량에 오랜 기간에 걸쳐 천천히 익어야 포도 자체의 특성이 와인에 묻어난다. 이에 일부 고급 생산자들은 시행착오 끝에 서늘하게 오랫동안 익어 가는 포도밭을 발견했다. 그래서 나파 밸리는 양조가들에게 엘도라도와 같은 곳이다. 여기에서는 보르도 최고 와인을 능가하는 숙성력과 가격의 와인들이 태어나고 있다. 오퍼스원이 이러한 와인에 길을 제공한 것이다.

1979년에 첫 빈티지를 선보인 오퍼스원 이후로 많은 애호가들이 전 재산을 양조장에 투자하여 최고급 와인생산 붐을 이룬다. 몇몇 애호가들이 가격에 상관없이 열광하는 와인의 카테고리를 컬트 와인Cult wine이라고 하는데 오퍼스원은 이런 컬트 와인의 탄생에 공헌했다고 할 수 있다. 이런 와인으로는 1990년부터 시판하고 있는 할란 에스테이트, 1992년부터 출시되고 있는 스크리밍 이글이 있다. 스크리밍 이글은 미국의 최고가 와인으로 유명하다.

오퍼스원의 맛은 미국의 힘과 프랑스의 우아함이 느껴진다. 데뷔한 이후 미국 와인으로는 처음으로 50달러 대에 거래되는 신기록을 세웠고, 이후 출시가격과 유통가격이 계속 상승하여 와인가격의 새로운 이정표를 세웠다. 언론에서는 당시 최고가 와인들이 15~20달러 남짓 거래된 사실과 오퍼스원의 출시가격을 비교하면서 오퍼스가 이겼다Opus won!라며 오퍼스원의 탄생을 축하했다.

오퍼스원의 양조장 건물은 환상적인 디자인으로 유명하다. 창업자였던 로쉴드 남작은 1988년에 작고해 1991년에 완공된 양조장을 보지 못했다. 그러니 와인이 출시되고 12년이 지나서야 오퍼스원의 실체가 드러난 셈이다.

오퍼스원의 이런 가격을 양조장에서 여러 가지 근거를 내세워 합리화했지만, 그래도 비싸다고 생각하는 사람들이 있다. 근거로는 우선 포도나무를 해당 면적 내에 더 많이 심어 관리비용, 즉 인건비가 더 많이 든다는 점, 프랑스산 새 오크통을 매년 준비해야 한다는 점, 통갈이를 3개월마다 실시한다는 점, 오크통의 와인이 산화되지 않도록 눈금이 내려가면 수시로 채워 산화를 방지한다는 점 등이다.

잭 니컬슨 주연의 영화 '블러드 앤 와인'에도 오퍼스원이 등장한다. 130만 달러의 목걸이를 훔치는 과정에서 드러나는 인간의 탐욕을 보여주는데, 와인 가게의 주인을 영화의 주인공으로 내세운 독특한 설정이다. 그가 마지막 장면에서 마신 와인, 즉 수영장에서 여유롭게 마셨던 와인이 오퍼스원이다. 목걸이를 서로 차지하려는 등장 인물 간의 대립이 사건을 파국으로 치닫게 하면서 클로즈 업 되는 것이 다름 아닌 오퍼스원이다. 영화에 등장하는 BMW, 목걸이, 패션 등과 함께 등장하는 것을 보니 오퍼스원 역시 그런 럭셔리 라인이라는 것이 증명된다.

오퍼스원을 만든 두 인물은 이미 역사 속으로 사라졌지만, 두 사람은 와인 병에 그대로 남아 있다. 오퍼스원의 라벨에는 로버트 몬다비와 로쉴드 남작의 옆얼굴이 그려져 있다. 시원한 파란색으로 그려진 오퍼스원의 라벨은 독특한 오브리옹 병모양처럼 기억하기 쉽다.

1525년 장 드 퐁탁의 오브리옹 역사는 정확하게 4월 23일 시작되었다. 보르도의 5대 샤토 중에서 이만큼 정확한 정보를 지닌 곳이 없다. 오브리옹은 이미 484주년을 맞았을 정도로 유구한 역사를 자랑하며 보르도 아니 프랑스를 대표하는 와인이다. 한편 오퍼스원은 이제 30주년을 맞이하는 캘리포니아 포도원이지만 이러한 보르도를 벤치마킹하며 보르도 같은 최고급와인 대열을 향해 나아가고 있다.

열네 번째 대결.

도멘 와인은 가족의 삶이 투영되어 인간미 넘치는 와인이 된다. 하지만 소규모 경영과 생산은 애호가들에게 그림의 떡일 수밖에 없다. 여기에 네고시앙의 존재 이유가 있다. 네고시앙은 포도를 사들여 와인의 수량을 확대시킨다.

네고시앙 VS. 도멘
Negociants vs. Domaines

VIGNE DE L'ENFANT JÉSU
BOUCHARD PÈRE & FILS
CHÂTEAU DE BEAUNE, CÔTE-D'OR, FRANCE

14. 부르고뉴의 생산주체,
네고시앙 vs. 도멘
Negociants vs Domaines

부르고뉴를 마시려면 어떤 와인을 골라야 하는가? 네고시앙 와인과 도멘 와인 중에서 어떤 걸 고르겠는가? 열렬한 부르고뉴 애호가들을 놓고 벌이는 네고시앙과 도멘의 라이벌 대결. 그 결과는 어떻게 될까!

도멘은 언제나 환영이고, 네고시앙에 대해서는 네거티브인가? 물론 돈이 많다면 열 손가락에 드는 베스트 도멘의 와인을 고르면 문제는 간단하게 풀린다. 포도밭에 들이는 정성 면에서 소규모 개별 양조장인 도멘이 네고시앙보다 우위에 있기 때문이다.

도멘은 땅 속 자원을 와인으로 치환하는 능력이 탁월하다. 왜냐하면 그들은 실제로 도멘에 살면서 매일 발바닥으로 그 땅을 밟고 다니니까 땅 속 깊은 곳의 소리를 더 잘 들을 수 있다. 하지만 그런 이유만으로 도멘 와인이 더 낫다고 하기는 어렵다.

와인양조는 흔한 말처럼 그렇게 저절로 되는 것이 아니다. 양조 기술 수준, 경험, 문제 해결능력 등을 고려하면 도저히 어느 한 쪽 손을 더 높이 들기 힘들다. 이런 게 라이벌일 것이다.

베스트 도멘 외에 또 다른 하나의 모범 답을 고르라면 대형 네고시앙이 직접 만든 소형 와인이다. 즉 네고시앙의 도멘 와인이다. 자가 소유 포도원에서 만든 와인은 라벨에 도멘이라고 표시한다. 메종은 네고시앙의 집을 뜻하는 말이라서 거래된 포도나 와인에다 붙이는 말이다.

대규모 자본이 투자된 대형 네고시앙이 포도밭에서부터 철저하게 품질을 관리하는 와인은 소규모 도멘이 공을 들이는 와인 수준에 육박한다. 가족들이 정성을 모아 생산하는 도멘의 장점과 과학적 양조 노하우가 축적된 네고시앙의 장점을 다 취하는 방법은 네고시앙의 도멘 와인이기에 이를 선택하는 것은 현명하고 합리적인 소비 행위가 아닐 수 없다.

부르고뉴의
약점

프랑스의 460여 와인 원산지 중에 무려 22%가 몰린 부르고뉴 대지는 와인의 나라 프랑스에서도 가장 프랑스다운 와인을 잉태하는 곳이다. 부르고뉴에서 '그랑 크뤼'로 불리는 노른자위의 최상급 포

도밭은 모두 33개이지만, 이 중 32개가 코트 도르에 집중되어 있
다. 하지만 애석하게도 코트 도르는 생산량이 적다. 부르고뉴 생산
량의 17%밖에 되지 않는다. 샤블리, 샬로네, 마코네, 코트 드 본,
코트 드 뉘 이렇게 다섯 지역으로 구성된 부르고뉴에서 코트 도르
는 코트 드 본과 코트 드 뉘를 합친 지역이라서 산술적으로는 40%
정도의 비중이어야 하는데 실제로는 그렇지 않다.

가뜩이나 수량이 적은 부르고뉴 와인 중에서 코트 도르는 더 적
으니 수급 문제가 생기는 건 당연하다. 왜냐하면 와인세계에는 부
르고뉴 애호가들이 많기 때문이다. 더구나 마실만한 부르고뉴 와
인은 더 적다고 여기기 때문이다.

'과연 부르고뉴는 제값하는 와인인가' 라는 푸념은 부르고뉴의
약점이다. 이는 항상 부르고뉴의 쟁점으로서 골칫거리가 아닐 수
없다. 부르고뉴 와인에서 가격 대비 좋은 품질이란 단어는 양립 불
가라고 말한다. 가격도 좋고, 품질도 좋은 것은 부르고뉴에 없다는
말이다. 여기에 와인애호가들의 슬픔이 있다. 애호가들이 누군가.
그들은 언제나 어디서나 가격대비 품질이 좋은 와인을 찾아나서는
사냥꾼이다. 보르도에서도, 칠레에서도, 토스카나에서도 그 사냥을
멈춘 바 없다. 하지만 유독 부르고뉴에서는 그게 쉽지 않음을 안다.
애호가 인생에서 가장 빛나는 부분이 싼 값으로 비싼 와인을 제압
하는 것인데, 부르고뉴에서는 상대적으로 여의치 않음을 인정한다.

레스토랑에서 부르고뉴를 한번 시켜보라. 10만 원 가지고는 턱
도 없다. 용케 하나를 골랐다고 좋아한다면 너무 성급하다. 맛을 보

고는 금방 본전이 아깝다고 생각할 것이다. 세금이 비싼 우리나라에서는 부르고뉴 문제가 확대되는 측면이 있다. 마진이 수입가격에서부터 누진적으로 적용되기 때문이다. 그러나 이 부르고뉴 문제는 세금이 낮은 나라에서도 거의 비슷하게 발생한다.

글로벌 와인세계에서는 '부르고뉴는 마치 지뢰밭 같다'라는 말이 있을 정도다. 돈은 엄청 냈는데, 품질은 별로라는 것이다. 유명 원산지와 유명 생산자를 고르는 것이 정답이라고들 하나 비싼 가격에 도무지 엄두가 나질 않는다. 그런데도 애호가들은 여전히 부르고뉴를 갈망한다. 속을 줄 알면서도 계속 속는다고 해야 옳을까? 그들은 이것 하나 바라고 계속 시도하는지 모르겠다. 제대로 걸리기만 하면 머리털이 쭈뼛 설 정도로 감동적인 향기와 맛을 느낄 수 있다고 믿기 때문인지 모르겠다.

네고시앙과
도멘의 역할

부르고뉴의 정신적인 고향은 클로 드 부조 수도원이다. 약 1000년 전에 생긴 이 수도원에서는 체계적인 양조가 유럽 최초로 실시되었는데, 오늘날 그 전통을 이어받으려는 양조가들의 열망이 이 포도밭 한 모퉁이만이라도 가지고 싶다는 마음을 불러일으켰다. 그래서 여기의 소유구조는 거북이 등껍질보다 더 분할된, 마치 세포분열의 상실기처럼 나누어져 있다. 밭의 주인이 80여 군데로 나누어져 있다. 그러니 클로 드 부조를 한 병 산다면, 무려 80여 가지 중에 하나를 골라야 한다. 개중에는 포도재배 후에 네고시앙에게 파는, 즉 농부 역할만 하는 땅주인이 있는가 하면 사들인 포도로 와인을 만들어 자기 이름을 붙이는 네고시앙이 있으며, 스스로 와인까지 다 만들어내는 도멘도 있다.

네고시앙은 대량으로 생산하고 유통하는 그랑 네고시앙Grands Negociants과 소량 유통하는 네고시앙 엘리뵈르Negociant-Eleveurs로 구분된다. 후자는 도멘의 역할을 주로 하면서 생산량 증대를 통해 규모의 경제를 기하려고 네고시앙의 역할도 일부 겸한다. 와인저널리스트 스티븐 브룩은 네고시앙을 이렇게 정의한다.

"구매한 와인을 팔기 위해 시장을 찾는 보르도 네고시앙과는 달리, 부르고뉴 네고시앙은 다양한 소스로부터 와인을 모은 다음에 그것들을 개인, 수입상, 레스토랑, 와인 상점에 파는 일을 한다.

개별 농부들은 훌륭한 와인을 만들지만, 그들은 산재한 곳에 밭을 소유하고 있고, 그 밭의 규모가 너무 작아 다량의 와인을 필요로 하는 고객들에게는 공급하지 못한다. 네고시앙들은 포도 혹은 머스트발효 직전의 압착된 포도더미를 사서 와인을 만들거나, 다 된 와인을 사서 그들의 셀러에서 숙성한다. 그들은 중개인들을 통해 그런 재료에 접근하거나, 장기 계약을 통해 농부로부터 공급받는다. 그래서 필요한 와인을 혼합하며, 개별 농부보다 더 많은 양의 와인을 공급할 수 있다."

부르고뉴 네고시앙의 역할은 이것뿐만이 아니다. 그들은 혼합와 인뿐 아니라 자신의 포도원 와인을 공급하기도 한다. 그들은 상당한 포도밭을 자체 소유하고 있기 때문이다. 개별 농부로부터 구매한 포도로 만든 와인은 그들 자체 밭의 와인만큼 좋은 품질이다. 왜 냐하면 그런 도멘은 캐시 플로우를 위해 정기적으로 오크통을 통째로 네고시앙에게 팔기 때문이다.

한편 오늘날 개별 농부와 네고시앙은 그 구분도 모호해지고 있다. 소규모 도멘들은 자본이 넉넉하지 않으므로 비싼 밭을 살 수 없어 생산량을 늘리기는 불가능하다. 그래서 네고시앙 역할을 일부하면서 사들인 포도로 생산량을 증대시킨다. 도멘이 네고시앙화된다고도 할 수 있지만, 상속세 납부나 기술투자를 위한 자금 확보를 위해서는 필수적인 활동이다.

도멘 자체의 와인과 매입한 포도로 만든 와인 간에는 사실 법률적 차이가 없다. 원칙은 밭에 부여되기에 포도가 자기 소유든 매입분이든 관계가 없는 것이다. 그렇다고 도멘이 상표를 혼용해서 쓰지는 않는다. 이름을 약간 바꾸어 부를 뿐이다. 자가 소유 포도원의 와인은 도멘 뒤작Domaine Dujac이라 하고, 매입한 포도로 만들면 뒤작 부자父子Dujac Pere et Fils라고 라벨에 표시한다. 완전히 다른 이름을 붙이기도 하는데 도멘 로베르 아르노Domaine Robert Arnoux는 네고시앙 와인에다 파스칼 라쇼Pascal Lachaud라고 이름 붙인다.

소형 도멘,
생존 위기에 놓이다

와인산업에도 자본의 힘은 위협적이다. 미국이나 호주의 공룡 와인기업을 보면 알 수 있다. 규모의 경제를 도모하고 최첨단 기법이 동원되는 현실 속에서 발바닥으로 밭을 누비는 개별 농부들은 현재의 지위가 영원하지 않음을 느끼곤 한다. 이대로 가다가는 언젠가 부르고뉴도 보르도처럼 재벌이나 대형 기업이 다 차지할지도 모른다는 위기감도 얘기되곤 한다.

황금의 언덕에서 익어가는 포도는 와인 여행자들에게 풍성한 삶의 축복을 깨닫게 하지만 정작 양조장 주인들은 한쪽 가슴에 멍이 있다. 그들은 진정으로 기쁘지 않다. 포도주 통이 가지런히 놓인 지하 셀러를 천혜의 저장 공간으로 이해하는 애호가들과는 달리 그들은 그 지하 셀러가 냉기만 가득하다고 느끼는 것이다. 왜 그럴까? 그러면 우리는 "그렇지, 사람들은 만족을 모르지, 그 비싼 와인을 수십 년 이상 모아놓고, 또 새로운 와인을 수천 병, 수만 병 만들면서 무슨 걱정이 있다는 게야"라고 하지만 사실상 이러지도 저러지도 못하는 소형 도멘 운영자들의 세계를 와인저널리스트 루퍼트 조이 Rupert Joy가 파헤쳤다. 그가 던지는 물음은 "요즘 세상에 가족 운영으로 소형 도멘이 생존 가능할까?"였다.

도멘 르루아 Domaine Leroy가 1990년에 최상급 포도밭 로마네 생 비방을 100만 프랑에 샀을 때, 사람들은 그녀를 미쳤다고 했다. 왜 그렇게 많은 돈을 주고 사느냐고 걱정했다. 하지만 그 땅값은 지금 20

배 이상 올랐다.

본 로마네 혹은 샹볼 뮈지니의 땅 값은 헥타르당 약 100만 유로로, 칠레 남부 포도밭의 200배에 해당하는 가격이다. 같은 마을의 상급 포도밭인 프레미어 크뤼는 헥타르당 값이 그 배가 되고, 최상급인 그랑 크뤼는 상상에 맡긴다. 예를 들어 최근에 화이트의 최고봉 몽트라쉐의 한 귀퉁이가 팔렸다. 몽트라쉐는 면적도 작고, 생산자도 다수로 분할되어 있는데, 1우브레 즉 1헥타르를 스물 네 등분한 구역 중 하나가 100만 유로에 팔렸다.

개별 농부들은 이런 상황을 심각하게 걱정하고 있다. 땅값이 오르면 얼마나 좋을까. 상상만 해도 좋은 일이지 않느냐고 반문할 것이다. 하지만 부르고뉴 농부들은 그 사실에 깊이 시름한다. "왜 도멘 오너들이 고민하고 있는가"에 대해 조이가 주장한 내용을 정리해보았다.

첫째 상속세 문제가 있다.

2007년에 발효된 사르코지의 상속법은 일반인들에게 크게 환영을 받았지만, 자산가액이 170만 유로를 넘는 자들에게는 원성을 샀다. 왜냐하면 40%의 세금을 부과했기 때문이다. 애석하게도 대부분의 부르고뉴 소형 양조장이 다 여기에 해당된다.

샹베르탱으로 유명한 도멘 아르망 루소의 소유주 에릭은 "2차 세계대전 이후에는 수확을 한 번만 해도 그랑 크뤼 포도밭 1헥타르에 대한 상속세를 낼 수 있었지만, 지금은 어림없다. 세금을 내려면 수

쥬브레샹베르탱 마을의 대표적인 양조장 도멘 루소의 입구. 가족 경영체로 소규모이며 평범한 모습을 띠고 있다.

본 로마네 마을의 양조장 도멘 에이 에프 그로의 라벨에는 각기 표정이 다른 여인이 등장하여 매혹적인 본 로마네 와인의 스타일을 대변한다.

확을 10번은 해야 한다"고 말한다. 즉 10년 걸려야 세금을 낼 수 있다는 말이다. 아르망 루소 와인은 사는 사람들이 줄을 서서 기다리니 그나마 가능하지만, 만약 판매가 부진한 도멘이라면 납세할 엄두가 나지 않을 것이다. 체납자가 되는 건 시간문제다. 부르고뉴 양조장이 체납자라니. 압류가 걸린 그랑 크뤼 포도밭의 등기부 등본을 상상해보라.

두 번째 문제는 나폴레옹 상속법에 있다. 자녀들에게 평등하게 재산을 배분하는 나폴레옹 법은 공평한 뜻을 담고 있지만, 그 법으로 인해 받은 자녀수만큼 분할되는 운명에 처해졌다. 그러니 양조장이 계속 운영되려면 공동 경영하든지 아니면 한 사람이 다른 나머지 형제자매의 지분을 다 사들여야 한다. 와인은 와인메이커의 철학이 담기기에 공동운영은 글자처럼 간단하지가 않다. 자녀가 적은 곳은 그나마 다행이겠지만, 자녀가 많으면 골치 아프다. 그러니 도멘을 운영하려는 사람은 현실적으로 현금을 엄청나게 모아둬야 하는데 그게 어디 쉬운 일인가. 단 본 로마네 마을의 그로Gros 패밀리는 예외다. 1830년에 정착한 이 가문은 자녀들 간 분할이 순조롭게 진행되어 오늘날 세 개의 양조장으로 독립 운영된다. 상속이 원활하지 않으면 투자자를 찾거나 팔 수밖에 없다. 풀리니 몽트라쉐 마을의 도멘 몽노는 2009년에 그렇게 해서 주인이 바뀌고 말았다.

세 번째 문제는 와인양조에 대한 수익률은 낮고, 포도밭 매각에 대한 자본이득은 크다는 사실이다. 땅값 상승에 비해 와인양조는 너무도 수익이 박하다. 당대에 과실을 얻기가 힘들고 자녀들이 대를 이어줘야 하는데, 요즘 젊은이들은 와인 만들기에 별로 관심이 없다. 부르고뉴의 젊은이들도 예외가 아닌데, 별장을 가지고 싶어 하고 해외여행을 하고 싶어한다. 낮은 수익률의 와인양조는 그러면 어떻게 될까?

제네바 협정으로 보호되는 크로아티아의 유명산지 딩가츠는 포도 수매가가 킬로그램당 5유로에 육박하는 고급와인을 양조한다. 지중해를 낀 비탈진 해안 언덕에서 재배되는 플라바츠 말리 품종 은 크로아티아의 정체성을 대변하지만 부르고뉴 양조장처럼 위기 를 맞고 있다. 젊은이들이 와인을 만들려고 하지 않는 것이다. 부모 세대의 억척스런 삶을 답습하지 않으려는 것이다. 느린 삶을 통해 서만 꽃을 피는 와인은 셈이 점점 빨라지는 현대사회에서 심각한 위기를 맞이하고 있다.

조이는 위에서 열거한 세 가지 문제로 인해 도멘의 가족 경영이 점점 어려워진다고 주장했다. 그러면서 문제점들을 해결하기 위한 방법도 분석했다. 우선 상속세를 줄이기 위해 법인을 설립하는 것 이다. 물론 주식을 상속해도 세금을 내겠지만 이게 더 낫다고 보는 것이다. 로마네 콩티 양조장은 DRC라는 법인에서 만든다. 둘째로 상속이 아니라 당대에 땅을 증여하는 방법이다. 셋째로는 투자자 를 맞이하는 것이다.

그러나 이런 방법들은 문제를 근본적으로 해결하지는 못한다. 결국 부르고뉴의 가족 중심 소형 도멘은 자취를 감춰버리고 말 것 이다. 상황이 바뀌지 않는다면 그럴 거라 여긴다. 에릭 루소 역시 "부르고뉴의 모든 테루아는 모두 대기업 차지가 될 것이고, 소형 도멘은 덜 유명한 밭 정도를 가꾸게 될 것"이라 말했다.

본 로마네의 전통 있는 도멘 앙글Domaine Engel은 2005년 소유주 필 립이 작고한 후, 샤토 라투르 오너이자 억만장자인 프랑소아 피노

부샤르 부자회사의 넓직한 양조장 실내

에게 팔렸다. 피노는 6헥타르짜리 양조장을 무려 1300만 유로원화로 약 150억 원, 헥타르당 25억 원 주고 거둬들였다. 이런 대규모 자본이 소요되는 문제는 네고시앙이라고 해서 쉽게 해결할 수 없다. 그들 역시 자본이 그렇게 넉넉하지는 않다. 유서 깊은 네고시앙 중에 부샤르 페레에피스는 자금 문제로 인해 지난 세기에 샴페인 재벌 앙리오에게 넘어갔다. 대규모 네고시앙은 대량 생산에 필수적으로 요구되는 설비의 과학화와 현대화에 과감하게 투자할 수 있어야 하지만,

크로아티아의 달마시아 지방에 속하는 딩가
츠 포도밭은 타들어가는 아드리아해의 사나
운 햇빛, 강한 바닷바람, 척박한 토양 등 험한
환경에서 와인을 만든다.

자본 조달이 용이하지 않으면 외부투자가를 유치하든 매각하든 둘 중 하나를 선택해야만 한다.

도멘 와인은 가족의 삶이 투영되어 인간미 넘치는 와인이 된다. 하지만 소규모 경영과 생산은 애호가들에게 그림의 떡일 수밖에 없다. 여기에 네고시앙의 존재 이유가 있다. 네고시앙은 포도를 사들여 와인의 수량을 확대시킨다. 그래서 서울에서도 부르고뉴를 마실 수 있는 것이다. 품질에는 도멘이든 네고시앙이든 양보란 없다. 소비자들을 붙잡으려는 둘의 라이벌 경쟁은 얼마나 많은 땀방울을 흘리느냐에 달려 있다. 섬세하고 우아한 피노 누와, 화려하고 싱그러운 샤르도네 이 두 가지 와인을 둘러싸고 벌이는 경쟁으로 소비자는 결국 애호가가 될 것이다.

부르고뉴 와인은 복잡하다, 원산지가 많다, 미세 기후가 독특하다, 밭고랑마다 주인이 달라 골치 아프다 등의 여러 약점이 있지만 부르고뉴 최대의 약점은 가격이 비싸다는 점이다. 〈파이낸셜 타임즈〉에 칼럼을 쓰는 잰시스 로빈슨은 "와인에 있어서 가격은 신빙성이 없어도 아주 없다. 와인은 종종 병 속의 품질보다는 광고나 마케팅 수단과 관계되어 팔린다"라고 말했다. 이 말은 와인의 가격과 품질이 괴리가 있다는 뜻이다. 비싼 와인이 반드시 좋다고 볼 수 없다는 말이며, 싸도 좋은 와인을 찾을 수 있다는 말이다. 그녀는 "부르고뉴를 고를 때에는 비싼 그랑 크뤼나 프레미어 크뤼보다는 차라리 마을 단위의 원산지 와인을 사는 게 낫다"고 말했다.

부르고뉴 최대의 강점은 무엇인가? 그것은 바로 맛이다. 어디에서도 느낄 수 없는 맛이다. '참을 수 없는 존재의 가벼움'에 대입한다면 '참을 수 없는 향기의 가벼움'이랄까. 그렇게도 가볍건만 어찌 그리 신선하고 단아하며 순수한지. 과일의 맛과 가벼움 그리고 신맛 이게 사실 부르고뉴 맛의 전부인데, 어찌 그리 오묘하고 감미로운지 모르겠다.

그랑 네고시앙이 만드는 도멘 와인을 두 가지씩 소개한다.

도멘 부샤르_본 그레베 비네 드 랑팡 제쥐, 라 로마네

Domaine Bouchard: Beaune Greves Vigne de l' Enfant Jesus, La Romanée

도멘 페블레_코르통 클로 데 코르통, 샹베르탱 클로 드 베즈

Domaine Faiveley: Corton Clos des Corton, Chambertin Clos de Beze

도멘 루이 자도_본 클로 데 위쉴르, 슈발리에 몽트라쉐 레 드므아젤

Domaine Louis Jadot: Beaune Clos des Ursule, Chevalier Montrachet Les Demoiselles

도멘 루이 라투르_코르통 샤를마뉴, 코르통 그랑세

Domaine Louis Latour: Corton-Charlemagne, Corton Grancey

도멘 죠셉 드루앙_본 클로 데 무슈, 샹볼 뮈지니 레 자뮤뢰즈

Domaine Joseph Drouhin: Beaune Clos des Mouches, Chambolle-Musigny Les Amoureuses

　부르고뉴의 핵심 '코트 도르'는 '코트 드 뉘'와 '코트 드 본'으로 구성된다. 레드 와인 중개 마을로 이름난 뉘Nuits와 화이트 와인의 중개 마을로 유명한 본Beaune이 각각 얼마나 중요했기에 산지 이름이 '뉘 언덕' '본 언덕'이 되었을까? 이 두 지역을 합쳐 형성된 '황금의 언덕' 코트 도르는 황금처럼 값비싼 명주들이 나온다는 뜻이다. 그러니 과거 프랑스가 부르고뉴를 병합하지 못했다면, 프랑스 와인에는 황금의 언덕이 없을 것이다. 와인의 위대함과 섬세함은 프랑스 차지가 되지 않았을지 모른다. 부르고뉴의 행정 수도는 디종이지만, 와인 중심은 본에 있다. 그래서 와인여행자 가슴에도 본이 중심지이므로 그곳의 역사를 살피는 것이 의미가 있다.

　오랫동안 프랑스에 속하지 않고 자치 생활을 영위해온 본은 외세침략에 대비하여 두터운 성벽을 쌓아올렸고, 몇 곳에 둥근 망루를 설치했다. 납작한 중세 고도에 파수대만 불쑥 솟아 있던 외관은 이제 상상 속에서만 가능하다. 세월이 흐르면서 근처에 높은 건물이 건설되어 성과 경계탑의 두드러짐이 훨씬 덜해졌기 때문이다. 성벽을 따라 둥글게 형성된 본 시가지는 쇠락한 구석이 많지만 양조장 부샤르의 본사 주변에는 원형이 잘 보존되어 있다. 1478년 부르고뉴를 무너뜨린 프랑스 루이 9세는 혹시라도 반란이 일어날까 노심초사하며 내부의 변화를 주시하려고 망루를 또 세웠다. 기존에 설치된 침략 대비용 망루와 합치면 모두 다섯 개의 망루가 본성 Chateau Du Beaune에 설치되어 있다.

어떻게 좀 현명하게 부르고뉴 와인을 이해하는 방법이 없을까 궁금하던 차에 방한한 국제 와인작가 협회FIJEV의 조엘 페인 회장에게 질문했더니, 그는 네고시앙을 방문하면 도움이 될 거라고 했다. 그래서 그해 4월에는 부르고뉴로 여행을 떠났다. 부르고뉴의 대표적인 네고시앙 부샤르를 방문하기 위하여.

부샤르는 옷감 거래로 모은 돈으로 1731년에 와인중개를 시작한 유서 깊은 양조장으로 출범 당시에 아버지와 아들이 힘을 합했기에 상호를 '부샤르父子'라고 지었다. 부샤르는 소규모 가족농장 위주로 양조하는 부르고뉴에서 거인 같은 존재다. 무려 130헥타르의 자가 소유 포도원을 소유하고 있다. 이름이 있는 유명 포도밭이 모두 86개나 된다. 여기에 장기 임대한 포도밭까지 합치면 매년 수십 가지의 와인을 생산한다. 특정한 밭이나 구획별로 수확도 달리하고, 발효도 달리하고, 숙성도 달리해서 밭의 개성이 와인에 묻어나게 하는 것이다. 자기 소유 포도로 만든 와인에는 '도멘 부샤르'라 이름을 붙여, 타인 소유의 와인과는 구별한다.

부샤르가 최초로 사들인 포도밭은 창업연도에 획득한 볼네 마을의 '카이예르' 밭이다. 마을에 이름난 포도밭은 '프레미어 크뤼'라고 해서 달리 구분하는데, 그 이유는 주변의 밭보다 훨씬 좋은 포도를 잉태하기 때문이다. 그러니 부샤르의 '볼네 카이예르 프레미어 크뤼'는 1731년부터 양조되는 가장 오랜 역사를 지닌 브랜드다. 이 와인 라벨에는 '옛날 카르노 거리에서 배합했다'는 뜻의 'Ancienne Cuvee Carnot'가 부제로 붙어 있다.

부샤르로 하여금 단순한 네고시앙에 머물러 있지 않고 명실상부한 '도멘 부샤르'라 불리게 되는 것은 특별히 이름 있는 밭 때문이다. 자갈이 많은 까닭에 붙여진 '본 그레베 프레미어 크뤼' 포도밭 중에 '아기 예수'라는 애칭이 붙은 4헥타르 남짓의 밭은 오늘날 도멘 부샤르의 보석이다. 비록 그랑 크뤼마을에서 이름난 밭 중에서도 최고로 꼽히는 밭는 아니지만, 흥미로운 전설이 녹아 있기에 양조장을 대표할만하다.

카멜리트 수녀원의 수녀 마르게리트1619-1648는 자녀가 없던 왕비 앤의 후사를 예언하여 드디어 '태양의 왕' 루이 14세의 탄생을 알린다. 프랑스 왕실은 그녀의 예지력에 감복하여 그 수녀회에 밭을 하사한다. 아기 예수처럼 순수한 영성을 지녀야 한다는 신념을 구체화한 그 수녀의 공적에 근거하여 그 밭은 '아기 예수의 밭'이란 뜻의 'VIGNE DE L' ENFANT JESUS'가 되었다.

부샤르는 1791년에 매물로 나온 이 밭을 구매하여 오늘날까지 양조하고 있다. 여러 빈티지 중에서 2005년 빈티지는 아로마, 질감, 균형, 여운 모든 면에서 빠질 데가 없는 완벽한 맛을 보여준다.

부샤르의 유명세는 유서 깊은 토지를 보유하는 데만 그치지 않는다. 1810년에 본에 있는 성, 즉 '샤토 뒤 본Chateau de Beaune'을 매

'아기 예수의 밭'이란 뜻의 부샤르 레드는 특히 2005년의 맛이 기막히다. 시음 후에 부샤르 대표 스테판은 퇴근해서 가족들과 마저 비우겠다며 병을 집어 들었다. 내 손엔 코르통 샤를마뉴가 있 었고.

아마도 부르고뉴에서 이처럼 드넓은 지하 셀러를 찾기는 쉽지 않을 것 같다. 여기서 19세기 와인은 발에 치인다고 할 수 있다.

입하여 지금까지 본사로 쓰고 있는데, 지하에 저장된 수만 병의 와인 속에는 19세기 출신도 많다.

"미쉘 베탄씨, 이 와인이 무엇인지 맞춰보세요." 진지한 와인시음으로 유럽에서 이름난 '그랑 주리 유러피언'에서 몇 년 전에 있었던 상황을 조엘 회장이 설명한다. 프랑스를 대표하는 저널리스트 미쉘은 "부케가 그윽하니 아주 오래된 것임에 틀림이 없지만, 빈티지는 자신이 없다. 하지만 와인은 분명히 코르통 샤를마뉴인

것 같다. 왜냐하면 풍부하고 너트 향이 진하기 때문"이라고 대답했다. "자, 그렇다면 관습대로 빈티지의 맨 끝자리만 말해주겠다"라고 말하는 부샤르의 한 책임자는 '7'이라 했다. 참석자 대부분은 그게 코르통 샤를마뉴인지 몰랐다. 미쉘의 시음능력은 대단한 것이다. 참석자들은 20년 이상은 묵은 거라고 여겼는데, 그건 그리 정확한 입맛은 아니다. 언급된 가장 오랜 빈티지는 1937년이었다. 그 책임자는 약간은 교만하게 '1857년'이라고 말을 뱉었다. 모두들 잠시 어안이 벙벙해졌다. 자타가 공인하는 최고의 와인실력자들이 모인 시음회에서도 이렇듯 정답을 맞히기는 어렵다. 와인의 숙성력은 특히 만든 곳에 그대로 있을 경우에 무한히 증대된다.

부샤르의 대표 스테판 폴랭-아르벨Stéphane Follin-Arbelet은 "1846년 뫼르소 샤름은 기가 막힐 정도로 맛이 살아 있다"고 했다.

도멘 부샤르가 만드는 일반 와인은 합리적인 값으로 초보자들에게 부르고뉴의 세계를 알리는 게 목적이고, '아기 예수' '코르통 샤를마뉴' '뫼르소 샤름' 같은 특별한 밭의 와인들은 애호가들에게 부르고뉴의 숙성력을 드러내는 게 목적이다.

와인 도시 본Beaune의 전형적인 이미지. 성루는 모두 부샤르의 소유. 사진으로 보이는 건물 전부가
그렇고, 그 지하는 모두 와인창고. 어마어마한 수량의 와인들이 '잠자는 숲 속의 공주' 처럼 잠자코
누워 있다.

라이벌 와인

초판 1쇄 인쇄 2010년 10월 30일
초판 1쇄 발행 2010년 11월 5일

지은이 | 조정용
펴낸이 | 김기옥

프로젝트 디렉터 | 기획2팀 박재성, 조지혜
영업 · 마케팅 | 이봉주, 김형식, 박진모
지원 | 고광현, 임민진

디자인 | 박소희
인쇄 | 서정문화인쇄   제본 | 정문바인텍

펴낸곳 | 한스미디어(한즈미디어(주))
주소 | 121-839 서울시 마포구 서교동 392-34 강원빌딩 5층
전화 | 02-707-0377   팩스 | 02-707-0198   홈페이지 | www.hansmedia.com
출판신고번호 | 제 313-2003-227호   신고일자 | 2003년 6월 25일

ISBN | 978-89-5975-293-5 13000